Caro/a studente,

ti scrivo per darti il benvenuto nella squadra dei maturandi e per augurarti un buon lavoro per l'imminente esame di maturità! So che questo periodo è pieno di stress e ansie, ma con un po' di organizzazione e la giusta dose di preparazione, supererai brillantemente questa sfida!

Hai tra le mani il giusto libro,"Tema di Attualità: 55 Argomenti Vincenti" perché è stato pensato proprio per te, per aiutarti a affrontare il tema di attualità con sicurezza e originalità.

Ma non è solo un libro con temi già svolti, no! È un vero e proprio strumento per costruire il tuo tema in modo personalizzato e che ti permetta di esprimere al meglio le tue capacità.

Ecco alcuni consigli su come sfruttare al meglio questo libro:

- **Scegli l'argomento giusto per te:** non avere paura di esplorare diverse opzioni! Leggi le introduzioni di ogni argomento e scegli quello che più ti appassiona e con cui ti senti a tuo agio.
- **Studia la scaletta:** la scaletta è la tua bussola! Ti aiuterà a strutturare il tema in modo logico e a non perderti tra le idee. Segui i punti indicati e sviluppa le tue riflessioni in modo chiaro e conciso.
- **Approfondisci con la traccia:** la traccia è la tua miniera di spunti! Ogni punto della scaletta è arricchito da spunti, esempi e possibili interpretazioni che ti aiuteranno a sviluppare un'analisi completa e originale.
- **Personalizza il tuo tema:** non accontentarti di riportare le informazioni che hai letto! Usa gli spunti del libro come trampolino di lancio per le tue idee e riflessioni personali.
- **Sii originale e critico:** il tema di attualità è un'occasione per dimostrare la tua capacità di analisi e di pensiero critico. Non aver paura di esprimere la tua opinione in modo chiaro e argomentato.

Ricorda, la maturità non è solo un esame, ma un momento importante per riflettere su chi sei e su ciò che vuoi diventare. Il tema di attualità è un'opportunità per esprimere te stesso/a e per dimostrare il tuo talento!

Con questo libro e con il tuo impegno, sono sicuro/a che farai un'ottima figura all'esame. Ti auguro il meglio per la tua preparazione e per la tua carriera futura!

Cordiali saluti,

L o staff di "Tema di Attualità: 55 Argomenti Vincenti"

Tecnologia e Innovazione

Intelligenza artificiale: impatto sociale, etico e lavorativo; il ruolo dell'AI nella creazione artistica; l'utilizzo dell'AI in ambito sanitario e scientifico; il rischio di manipolazione e disinformazione.

SCALETTA

Introduzione:

- Definire l'intelligenza artificiale (AI) e i suoi diversi tipi.
- Sottolineare la crescente importanza dell'AI nella società contemporanea.
- Presentare gli aspetti positivi e negativi dell'AI che saranno analizzati nella trattazione.

Impatto sociale ed etico dell'AI:

- Analizzare l'impatto dell'AI sulla vita sociale: nuove opportunità, cambiamenti nei rapporti interpersonali, nuove forme di interazione.
- Discutere le implicazioni etiche dell'AI: la privacy dei dati, la discriminazione algoritmica, la responsabilità delle decisioni prese dall'AI.
- Esemplificare con casi concreti: utilizzo di sistemi di riconoscimento facciale, algoritmi di selezione del personale, sistemi di sorveglianza.

Impatto lavorativo dell'AI:

- Esaminare le potenzialità dell'AI nel mondo del lavoro: automazione di compiti ripetitivi, aumento della produttività, creazione di nuovi posti di lavoro.
- Discutere i rischi di disoccupazione e di cambiamento nel mercato del lavoro: perdita di posti di lavoro, necessità di nuove competenze e di riqualificazione.
- Riflettere sul ruolo dello Stato e delle aziende nel preparare la forza lavoro ai cambiamenti indotti dall'AI.

Ruolo dell'AI nella creazione artistica:

- Descrivere le diverse applicazioni dell'AI nell'arte: composizione musicale, creazione di immagini, scrittura di testi.
- Analizzare il dibattito sulla creatività dell'AI: può l'AI essere veramente creativa? Quali sono i limiti dell'AI?
- Discuterne l'impatto sul mondo artistico: nuove forme di espressione, nuove concezioni dell'arte, nuove opportunità per gli artisti.

Utilizzo dell'AI in ambito sanitario e scientifico:

- Illustrare l'utilizzo dell'AI per la diagnosi e la cura delle malattie: analisi di immagini mediche, sviluppo di nuovi farmaci, personalizzazione della medicina.

- Spiegare l'utilizzo dell'AI nella ricerca scientifica: analisi di grandi quantità di dati, scoperta di nuove molecole, sviluppo di nuovi materiali.
- Discutere i vantaggi dell'AI in questi settori: miglioramento della salute, accelerazione della ricerca scientifica, sviluppo di nuove tecnologie.

Rischio di manipolazione e disinformazione:

- Analizzare la possibilità di utilizzare l'AI per manipolare l'opinione pubblica: diffusione di fake news, creazione di contenuti falsi, influenza sulle scelte elettorali.
- Descrivere il ruolo dell'AI nella disinformazione: deepfake, generazione di contenuti falsi, algoritmi di personalizzazione dei contenuti.
- Riflettere sulle misure di contrasto: educazione all'uso critico dei media, sviluppo di sistemi di verifica dei contenuti, regolamentazione dell'AI.

Conclusione:

- Riassegnare i principali punti affrontati nella trattazione.
- Offrire una prospettiva critica sul futuro dell'AI.
- Sottolineare la necessità di un approccio etico e responsabile allo sviluppo e all'utilizzo dell'AI.

Ulteriori suggerimenti:

- Utilizzare esempi concreti per illustrare i concetti.
- Fare riferimento a fonti autorevoli per supportare le proprie argomentazioni.
- Proporre soluzioni e prospettive per affrontare le sfide e i rischi legati all'AI.
  - Incoraggiare il dibattito e il confronto di idee tra i partecipanti.

SVILUPPO TRACCIA

Intelligenza Artificiale: una Rivoluzione in Corso

L'intelligenza artificiale (AI) sta trasformando radicalmente il mondo in cui viviamo, con un impatto sempre più profondo su società, etica, lavoro, arte, scienza e persino sulla stessa natura della realtà. L'AI, in tutte le sue forme, dalla robotica all'apprendimento automatico, sta aprendo nuovi orizzonti, ma al contempo solleva importanti questioni etiche e sociali che necessitano di un'attenta riflessione.

Un impatto sociale e etico in continua evoluzione: L'AI sta rivoluzionando il modo in cui interagiamo tra noi e con il mondo circostante. Le tecnologie di intelligenza artificiale, come i sistemi di riconoscimento facciale, stanno trasformando la nostra vita quotidiana, offrendo nuove opportunità di sicurezza e di efficienza, ma sollevando al contempo preoccupazioni sulla privacy e sui diritti individuali. La diffusione di algoritmi che influenzano le nostre scelte, come quelli utilizzati nei social media, pone interrogativi su come l'AI possa influenzare la nostra libertà di pensiero e la nostra autonomia. L'etica dell'AI diventa centrale in questo scenario, con la necessità di sviluppare principi e regole per garantire un utilizzo responsabile e equo di queste tecnologie.

Il lavoro in un mondo con l'AI: L'AI sta già trasformando il mondo del lavoro, con un impatto sia positivo che negativo. Da un lato, l'automazione di compiti ripetitivi potrebbe liberare gli esseri umani per lavori più creativi e strategici, aumentando la produttività e l'efficienza. Dall'altro lato, il timore di una crescente disoccupazione è reale, poiché l'AI potrebbe sostituire alcuni tipi di lavoro, soprattutto in settori come la produzione e l'assistenza clienti. La sfida principale sarà quella di adattarsi a questa evoluzione, investendo nella formazione e nella riqualificazione della forza lavoro, per creare nuove opportunità di lavoro in settori che l'AI non è in grado di coprire.

L'AI come musa ispiratrice: L'AI sta entrando a pieno titolo anche nel mondo dell'arte, sfidando le nostre concezioni tradizionali di creatività. L'AI può essere utilizzata per comporre musica, dipingere quadri, scrivere testi e creare nuove forme artistiche, ampliando le possibilità creative e aprendo nuove frontiere per gli artisti. Tuttavia, il dibattito sulla creatività dell'AI è ancora aperto. L'AI è in grado di emulare il processo creativo umano, ma è in grado di creare qualcosa di veramente originale? La questione rimane aperta, e la nostra capacità di apprezzare e comprendere le opere generate dall'AI dovrà evolversi di pari passo con lo sviluppo di questa tecnologia.

AI al servizio della salute e della scienza: L'AI sta già rivoluzionando il mondo della medicina e della scienza, offrendo nuove opportunità di cura e di scoperta. L'AI può essere utilizzata per analizzare grandi quantità di dati medici, individuando modelli e anomalie che potrebbero sfuggire all'occhio umano, per diagnosticare malattie in modo più rapido e preciso, per sviluppare nuovi farmaci e terapie personalizzate. La capacità di elaborare grandi quantità di dati in tempo reale sta aprendo nuove strade per la ricerca scientifica, permettendo di accelerare i processi di scoperta e di sviluppo di nuove tecnologie.

Il lato oscuro dell'AI: manipolazione e disinformazione: Purtroppo, l'AI può essere utilizzata anche per scopi non etici. Le deepfake, video falsi realistici, possono essere utilizzati per diffondere disinformazione e manipolare l'opinione pubblica. L'AI può essere utilizzata anche per creare algoritmi che amplificano la disinformazione e la polarizzazione, manipolando i risultati delle ricerche online e influenzando le scelte politiche. La sfida di contrastare la manipolazione e la disinformazione è complessa, ma essenziale per preservare la democrazia e la libertà di informazione.

Conclusione: L'intelligenza artificiale è una forza rivoluzionaria che sta trasformando la nostra società a un ritmo accelerato. È importante affrontare le sfide e i rischi che l'AI comporta con un approccio etico e responsabile, investendo nella formazione, nella ricerca e nella regolamentazione. Solo così potremo sfruttare appieno il potenziale dell'AI per migliorare la nostra vita e costruire un futuro più giusto e sostenibile.

Metaverso e Realtà Virtuale le nuove frontiere dell'interazione digitale; l'impatto sul lavoro e sulla vita sociale; il potenziale di apprendimento e di intrattenimento; le sfide etiche e legali.

SCALETTA

Introduzione:

- Definire il metaverso e la realtà virtuale (VR), spiegando le differenze e le connessioni tra le due tecnologie.
- Sottolineare l'emergere del metaverso come nuova frontiera dell'interazione digitale, con un impatto sempre più significativo sulle nostre vite.
- Presentare gli aspetti positivi e negativi del metaverso e della VR che saranno analizzati nella trattazione.

Le nuove frontiere dell'interazione digitale:

- Illustrare il concetto di metaverso come spazio digitale immersivo, in cui gli utenti possono interagire tra loro e con il mondo virtuale in modo realistico.
- Spiegare come la VR contribuisce all'esperienza immersiva, creando la sensazione di essere presenti in un ambiente virtuale.
- Esaminare le diverse applicazioni del metaverso e della VR: giochi, eventi, esperienze sociali, shopping, viaggi virtuali.

Impatto sul lavoro:

- Analizzare il potenziale del metaverso per il lavoro: creazione di spazi di lavoro virtuali, formazione immersiva, collaborazione a distanza, nuove opportunità lavorative.
- Discutere le implicazioni per il futuro del lavoro: potenziali rischi di disoccupazione, la necessità di adattarsi a nuove modalità di lavoro, l'importanza di competenze digitali.
- Esemplificare con casi concreti: meeting virtuali, corsi di formazione immersivi, realtà virtuale utilizzata nel settore industriale.

Impatto sulla vita sociale:

- Esaminare l'impatto del metaverso sulla vita sociale: nuove forme di interazione e di socializzazione, creazione di comunità virtuali, esperienze immersive in eventi sociali.
- Riflettere sui potenziali effetti negativi: isolamento sociale, dipendenza dalle tecnologie, perdita di contatto con la realtà fisica.
- Discutere il ruolo dell'etica nella creazione di un metaverso inclusivo e sostenibile, che promuova un'interazione sociale positiva.

Potenziale di apprendimento e di intrattenimento:

- Spiegare il potenziale del metaverso e della VR per l'apprendimento: esperienze immersive, simulazioni realistiche, apprendimento interattivo.
- Discutere il ruolo del metaverso nell'intrattenimento: giochi immersivi, esperienze di realtà virtuale, eventi virtuali.
- Esemplificare con casi concreti: musei virtuali, giochi educativi, concerti virtuali.

Sfide etiche e legali:

- Analizzare le sfide etiche legate al metaverso: privacy dei dati, discriminazione algoritmica, sicurezza degli utenti, abuso di potere.
- Esaminare le implicazioni legali del metaverso: proprietà intellettuale, responsabilità dei creatori di contenuti, regolamentazione del mercato.
- Sottolineare la necessità di una governance globale per garantire un utilizzo responsabile e sostenibile del metaverso.

Conclusione:

- Riassegnare i principali punti affrontati nella trattazione.
- Offrire una prospettiva critica sul futuro del metaverso e della VR.
- Sottolineare la necessità di un approccio responsabile e etico allo sviluppo e all'utilizzo di queste tecnologie.

SVILUPPO TRACCIA

Metaverso e Realtà Virtuale: Una Nuova Dimensione per la Realtà

Il metaverso e la realtà virtuale (VR) stanno aprendo nuove frontiere per l'interazione digitale, con un impatto sempre più profondo sulla nostra vita sociale, lavorativa e culturale. Queste tecnologie ci permettono di immergerci in mondi virtuali realistici, di interagire con altri utenti in modo coinvolgente e di esplorare nuove possibilità di apprendimento, di intrattenimento e di lavoro. Tuttavia, l'emergere di queste nuove dimensioni digitali solleva anche importanti questioni etiche e legali che necessitano di un'attenta riflessione.

Oltre la realtà: l'esperienza immersiva del metaverso e della VR: Il metaverso si configura come un mondo digitale immersivo, una rete di spazi virtuali interconnessi in cui gli utenti possono interagire tra loro e con il mondo virtuale attraverso avatar personalizzati. La realtà virtuale, con i suoi visori e i suoi controller, contribuisce a creare un'esperienza immersiva, facendo sentire gli utenti presenti in un ambiente virtuale, percependone la tridimensionalità e interagendo con esso in modo realistico. Questo nuovo modo di interagire con il digitale apre a infinite possibilità: giochi immersivi, eventi virtuali, viaggi virtuali, shopping online e molto altro.

Il futuro del lavoro: nuove opportunità e sfide: Il metaverso e la VR offrono nuove opportunità per il lavoro, trasformando il modo in cui lavoriamo e interagiamo con i colleghi. La creazione di spazi di lavoro virtuali consente alle aziende di operare in modo più efficiente, con la possibilità di riunire team sparsi in tutto il mondo in un ambiente virtuale condiviso. La formazione immersiva, attraverso la realtà virtuale, offre nuove possibilità di apprendimento pratico e interattivo, migliorando le competenze dei dipendenti e la sicurezza nei luoghi di lavoro. Tuttavia, l'automazione e la digitalizzazione del lavoro potrebbero portare anche a disoccupazione e alla necessità di riqualificazione per adattarsi alle nuove professioni che emergeranno in questo scenario.

Socializzare in un mondo virtuale: nuovi legami e sfide: Il metaverso e la VR offrono nuove opportunità di socializzazione e di creazione di comunità virtuali. Le persone possono incontrare amici, partecipare a eventi, condividere esperienze e creare legami in un ambiente virtuale che trascende le barriere geografiche. L'interazione sociale virtuale potrebbe però portare a un isolamento dalla vita reale, creando una dipendenza dalle tecnologie e una perdita di contatto con il mondo fisico. L'etica diventa fondamentale per garantire che l'interazione sociale virtuale non si traduca in una perdita di umanità, ma sia al contrario un'opportunità per costruire legami più forti e significativi.

Imparare e divertirsi in un nuovo modo: Il metaverso e la VR offrono un potenziale incredibile per l'apprendimento, grazie alle esperienze immersive e alle simulazioni realistiche che possono rendere l'apprendimento più coinvolgente e interattivo. Musei virtuali, giochi educativi, simulazioni mediche e molto altro diventano possibili, aprendo nuovi orizzonti per l'educazione e per la divulgazione scientifica. Anche il mondo dell'intrattenimento viene rivoluzionato dalla VR, con giochi immersivi, esperienze di realtà virtuale e concerti virtuali. Questo nuovo modo di vivere l'intrattenimento offre nuove possibilità di interazione e di partecipazione, ma è importante che il mondo virtuale non diventi una fuga dalla realtà, ma uno spazio di arricchimento e di crescita personale.

Le sfide etiche e legali: un futuro responsabile: L'emergere del metaverso e della VR pone sfide etiche e legali cruciali, che richiedono un'attenta riflessione e un'azione coordinata a livello globale. La privacy dei dati è una delle sfide più importanti, poiché il metaverso raccoglie una quantità enorme di informazioni personali degli utenti, che potrebbero essere utilizzate in modo non etico o per fini di profilazione. La discriminazione algoritmica e l'abuso di potere sono altri rischi da tenere in considerazione, poiché la tecnologia del metaverso potrebbe essere utilizzata per creare disparità e favorire alcuni utenti rispetto ad altri. La proprietà intellettuale e la responsabilità dei creatori di contenuti sono altri aspetti importanti da regolamentare, al fine di garantire un ambiente virtuale sicuro e responsabile.

Un futuro da costruire: un metaverso inclusivo e responsabile: Il metaverso e la realtà virtuale sono tecnologie potenti, con il potenziale di trasformare il mondo in cui viviamo. Per garantire che questa trasformazione sia positiva, è necessario un approccio etico e responsabile, che tenga conto delle implicazioni sociali, etiche e legali di queste tecnologie. La creazione di un metaverso inclusivo e sostenibile, che promuova l'interazione umana, la creatività, la conoscenza e il rispetto per la diversità, è un obiettivo ambizioso ma necessario per un futuro digitale positivo.

Cybersecurity: la crescente importanza della sicurezza informatica; i rischi di attacchi informatici e la protezione dei dati; la privacy online e il diritto all'oblio; la lotta al cyberbullismo.

SCALETTA

Introduzione:

- Definire il concetto di cybersecurity e la sua crescente importanza nell'era digitale.
- Sottolineare l'interconnessione tra la nostra vita online e offline, rendendo la cybersecurity essenziale per la protezione di dati personali, informazioni sensibili e infrastrutture critiche.
- Presentare le diverse sfide che la cybersecurity affronta oggi, come i rischi di attacchi informatici, la privacy online e il cyberbullismo.

La crescente importanza della sicurezza informatica:

- Spiegare come la dipendenza dalla tecnologia e la digitalizzazione di tutti gli aspetti della vita hanno aumentato la vulnerabilità a minacce informatiche.
- Illustrare l'impatto degli attacchi informatici su individui, aziende e istituzioni, con esempi concreti (furto di dati, interruzione dei servizi, danni economici, sabotaggio).
- Evidenziare la necessità di investire in sicurezza informatica per proteggere dati e infrastrutture critiche, garantendo la continuità operativa e la fiducia nel mondo digitale.

I rischi di attacchi informatici e la protezione dei dati:

- Descrivere i diversi tipi di attacchi informatici (malware, phishing, ransomware, attacchi DDoS) e i loro obiettivi.
- Spiegare come gli attacchi informatici possono colpire individui, aziende e governi, con esempi di casi reali.
- Discutere le strategie di protezione dei dati: firewall, antivirus, crittografia, backup, formazione degli utenti, gestione delle password.
- Sottolineare il ruolo della consapevolezza digitale nell'evitare di cadere vittima di attacchi informatici.

Privacy online e diritto all'oblio:

- Analizzare il concetto di privacy online e il diritto alla protezione dei dati personali nel mondo digitale.
- Spiegare l'importanza di leggi come il GDPR (Regolamento generale sulla protezione dei dati) per tutelare la privacy online.
- Discutere il diritto all'oblio e la possibilità di cancellare informazioni personali da internet, con i suoi pro e i suoi contro.

- Riflettere sul ruolo delle aziende nel gestire i dati degli utenti in modo responsabile e trasparente.

La lotta al cyberbullismo:

- Definire il cyberbullismo e le sue forme più comuni: messaggi offensivi, molestie, diffusione di contenuti offensivi, furto di identità online.
- Spiegare l'impatto del cyberbullismo sulla salute mentale dei giovani e sulle loro relazioni sociali.
- Discutere le strategie di prevenzione e contrasto: educazione digitale, supporto alle vittime, collaborazione tra scuole, genitori e istituzioni.
- Sottolineare l'importanza di una cultura digitale responsabile e rispettoso.

Conclusione:

- Riassegnare i principali punti affrontati nella trattazione.
- Sottolineare l'importanza di un approccio olistico alla cybersecurity, che coinvolga individui, aziende, istituzioni e governi.
- Riflettere sul ruolo della tecnologia per la sicurezza e la protezione nel mondo digitale, ma anche per la responsabilità e l'etica.

Ulteriori suggerimenti:

- Utilizzare esempi concreti per illustrare i concetti.
- Fare riferimento a fonti autorevoli per supportare le proprie argomentazioni.
- Proporre soluzioni e prospettive per affrontare le sfide e i rischi legati alla cybersecurity.
- Incoraggiare il dibattito e il confronto di idee tra i partecipanti.

SVILUPPO TRACCIA

Cybersecurity: Proteggere il Nostro Mondo Digitale

La cybersecurity è diventata un argomento di vitale importanza nel mondo di oggi, dove la nostra vita è sempre più interconnessa con il digitale. Siamo ormai dipendenti da internet, dai dispositivi mobili, dai social media e dalle piattaforme online per lavoro, per la comunicazione, per l'intrattenimento e per ogni aspetto della nostra vita. Ma questo crescente legame con il mondo digitale ci rende anche più vulnerabili a una serie di minacce informatiche che mettono a rischio la nostra sicurezza, la nostra privacy e la stabilità delle nostre società.

Un mondo sempre più vulnerabile: La digitalizzazione ha portato a un'esplosione di dati e informazioni che circolano online, rendendo il mondo digitale un bersaglio appetibile per criminali informatici, hacker e organizzazioni ostili. Gli attacchi informatici sono diventati sempre più sofisticati e frequenti, con un impatto che va dalla semplice interruzione dei servizi alla perdita di dati sensibili, dal furto di identità al sabotaggio di infrastrutture critiche. La cybersecurity non è più un problema solo per le aziende e le istituzioni, ma riguarda ogni individuo che naviga online.

Proteggere i dati e la privacy: La protezione dei dati è diventata una delle sfide principali per la cybersecurity. Le nostre informazioni personali, le nostre attività online, le nostre preferenze e le nostre conversazioni sono tutte registrate e analizzate da aziende, istituzioni e hacker. La privacy online è sempre più fragile e il diritto all'oblio, la possibilità di cancellare le proprie informazioni da internet, è sempre più difficile da esercitare. Legislazioni come il GDPR (Regolamento generale sulla protezione dei dati) cercano di tutelare la privacy, ma la battaglia per la protezione dei dati è ancora in corso.

La lotta al cyberbullismo: un problema crescente: Il cyberbullismo è una forma di bullismo che si svolge online, utilizzando messaggi offensivi, molestie, diffusione di contenuti offensivi e furto di identità. Il cyberbullismo può avere conseguenze devastanti sulla salute mentale dei giovani, creando ansia, depressione e isolamento sociale. La lotta al cyberbullismo richiede un'azione coordinata di famiglie, scuole, istituzioni e aziende per educare alla sicurezza online, fornire supporto alle vittime e contrastare l'hate speech.

Come proteggersi: Ogni individuo può fare la propria parte per proteggersi dalle minacce informatiche. La consapevolezza digitale è fondamentale: è importante imparare a riconoscere i rischi online, a utilizzare password sicure, ad aggiornare regolarmente il software e ad installare antivirus. La crittografia è uno strumento essenziale per proteggere i dati sensibili e la comunicazione online. Bisogna evitare di cliccare su link sospetti, di aprire allegati di email non attendibili e di condividere informazioni personali su siti web poco sicuri.

Un futuro sicuro e responsabile: La cybersecurity è una sfida che richiede un'azione congiunta di individui, aziende, istituzioni e governi. La collaborazione tra questi attori è fondamentale per sviluppare strategie di protezione comuni, per condividere informazioni su nuove minacce e per migliorare la sicurezza del mondo digitale. La cybersecurity non è solo un problema tecnico, ma una questione etica e sociale. La sicurezza online è fondamentale per garantire la libertà di espressione, la democrazia e lo sviluppo di una società digitale responsabile e inclusiva.

Biotecnologie e nanotecnologie: le nuove frontiere della medicina e della scienza; le implicazioni etiche e sociali; la genetica e la cura delle malattie; il rischio di manipolazione genetica.

SCALETTA

Introduzione:

- Definire le biotecnologie e le nanotecnologie, spiegando le loro caratteristiche e i loro campi di applicazione.
- Evidenziare l'importanza crescente di queste tecnologie nel campo della medicina e della scienza.
- Presentare i potenziali benefici e le sfide etiche e sociali che queste tecnologie comportano.

Biotecnologie e Nanotecnologie: Le Nuove Frontiere della Medicina e della Scienza:

- Descrivere le principali applicazioni delle biotecnologie in medicina: diagnosi precoce, terapia genica, sviluppo di nuovi farmaci, ingegneria tissutale, medicina personalizzata.
- Illustrare le applicazioni delle nanotecnologie in medicina: rilascio mirato di farmaci, diagnosi non invasive, riparazione di tessuti danneggiati, nanorobotica.
- Evidenziare il potenziale di queste tecnologie per migliorare la salute, prevenire le malattie e prolungare la vita.

Implicazioni Etiche e Sociali:

- Discutere le implicazioni etiche dell'utilizzo delle biotecnologie e delle nanotecnologie: l'accesso alle cure, la discriminazione genetica, la privacy dei dati genetici, il ruolo della bioetica.
- Analizzare le implicazioni sociali: l'impatto sull'industria farmaceutica, le questioni di brevetti e proprietà intellettuale, il rischio di disuguaglianze sociali.

La Genetica e la Cura delle Malattie:

- Spiegare i progressi della genetica e il suo ruolo nella diagnosi e nel trattamento delle malattie genetiche.
- Esaminare la terapia genica e il suo potenziale per curare malattie come la fibrosi cistica, la distrofia muscolare, il cancro.
- Discutere le sfide etiche della terapia genica: la sicurezza, l'efficacia, il rischio di manipolazione genetica, il consenso informato.

Il Rischio di Manipolazione Genetica:

- Analizzare il rischio di manipolazione genetica per scopi non terapeutici: l'eugenetica, la creazione di esseri umani "perfetti", la selezione genetica dei figli.
- Discutere le implicazioni etiche e sociali di questa possibilità: la definizione di "perfetto", la dignità umana, la diversità genetica, il rischio di discriminazione.

Conclusione:

- Riassegnare i principali punti affrontati nella trattazione.
- Sottolineare la necessità di un approccio responsabile e etico allo sviluppo e all'utilizzo delle biotecnologie e delle nanotecnologie.
- Riflettere sul ruolo della società e delle istituzioni nel regolamentare e gestire le sfide etiche e sociali poste da queste tecnologie.

SVILUPPO TRACCIA

Biotecnologie e Nanotecnologie: Un Futuro Tra Sviluppo e Dilemma Etico

Le biotecnologie e le nanotecnologie stanno rivoluzionando il campo della medicina e della scienza, aprendo nuovi orizzonti per la cura delle malattie, la prevenzione e la comprensione del corpo umano. Tuttavia, queste tecnologie avanzate sollevano anche questioni etiche e sociali complesse, che richiedono una riflessione profonda e un approccio responsabile.

Un'era di nuove possibilità: Le biotecnologie, attraverso la manipolazione del DNA e la progettazione di organismi viventi, hanno portato a progressi straordinari nella diagnosi e nel trattamento delle malattie. La terapia genica, ad esempio, offre la possibilità di curare malattie genetiche, come la fibrosi cistica e la distrofia muscolare, sostituendo o correggendo geni difettosi. Le nanotecnologie, invece, grazie alla loro capacità di manipolare la materia a livello atomico e molecolare, aprono nuovi scenari per la medicina: la somministrazione mirata di farmaci, la diagnosi precoce e non invasiva, la riparazione di tessuti danneggiati e la nanorobotica, con robot microscopici in grado di operare all'interno del corpo umano.

L'ombra dell'etica: Tuttavia, questo progresso tecnologico non è privo di ombre. Le biotecnologie e le nanotecnologie sollevano importanti questioni etiche, come la discriminazione genetica, il diritto alla privacy dei dati genetici, il rischio di manipolazione genetica e l'accesso alle cure. La possibilità di modificare il genoma umano, ad esempio, apre la porta a scenari complessi, come la creazione di esseri umani "perfetti" o la selezione genetica dei figli. La bioetica è chiamata a fornire un quadro etico per la ricerca e l'applicazione di queste tecnologie, definendo i limiti e i criteri per un loro utilizzo responsabile.

Il ruolo della genetica nella cura delle malattie: La genetica sta svolgendo un ruolo sempre più importante nella cura delle malattie, permettendo di identificare i geni responsabili di determinate patologie e di sviluppare terapie personalizzate. La diagnosi precoce di malattie genetiche permette di intervenire in modo tempestivo e di migliorare le aspettative di vita dei pazienti. Tuttavia, la conoscenza del genoma apre anche la porta a nuove sfide etiche, come il rischio di discriminazione genetica, ovvero l'utilizzo di informazioni genetiche per discriminare persone con predisposizione a determinate malattie.

Il rischio di manipolazione genetica: La possibilità di manipolare il genoma umano solleva il rischio di manipolazione genetica per scopi non terapeutici. L'eugenetica, ovvero la selezione di caratteri genetici per creare esseri umani "perfetti", è una possibilità inquietante che pone interrogativi sull'etica della ricerca e sulla definizione di "perfetto". Il rischio di creare disuguaglianze sociali, con la possibilità che solo alcuni individui possano accedere a tecnologie di manipolazione genetica, è un'altra preoccupazione da affrontare con attenzione.

Un futuro da costruire con responsabilità: Biotecnologie e nanotecnologie offrono un potenziale immenso per la salute umana e per il progresso scientifico. Tuttavia, è fondamentale sviluppare queste tecnologie in modo responsabile, tenendo conto delle implicazioni etiche e sociali. La ricerca e l'innovazione devono essere accompagnate da un dialogo aperto e trasparente con la società, per garantire che queste tecnologie siano utilizzate per il bene dell'umanità e non per creare nuove forme di disuguaglianza o di discriminazione.

Sostenibilità digitale: l'impatto ambientale della tecnologia; l'utilizzo di energia rinnovabile; la lotta all'obsolescenza programmata; l'economia circolare e il riciclo digitale.

SCALETTA

Introduzione:

- Definire la sostenibilità digitale, evidenziando l'interconnessione tra tecnologia e ambiente.
- Spiegare perché la sostenibilità digitale è diventata un tema sempre più importante, con l'aumento del consumo di energia e delle risorse da parte del settore tecnologico.
- Presentare i diversi aspetti della sostenibilità digitale che saranno analizzati: impatto ambientale, energia rinnovabile, obsolescenza programmata, economia circolare e riciclo digitale.

L'impatto ambientale della tecnologia:

- Illustrare l'impatto ambientale della produzione, dell'utilizzo e dello smaltimento dei dispositivi tecnologici: consumo di energia, emissioni di gas serra, produzione di rifiuti elettronici.
- Discutere l'impronta di carbonio del settore digitale e il suo contributo al cambiamento climatico.
- Esemplificare con esempi concreti: la produzione di smartphone, la gestione dei data center, l'uso di internet.

L'utilizzo di energia rinnovabile:

- Spiegare l'importanza di utilizzare fonti di energia rinnovabile per alimentare i dispositivi e i data center.
- Analizzare le tecnologie di energia rinnovabile utilizzabili nel settore digitale: solare, eolica, idroelettrica, geotermica.
- Discutere le sfide e le opportunità per la transizione energetica nel settore digitale.

La lotta all'obsolescenza programmata:

- Definire l'obsolescenza programmata e spiegare come si manifesta nei prodotti tecnologici.
- Esaminare le motivazioni economiche dietro l'obsolescenza programmata: aumentare il consumo, limitare la durata dei prodotti, generare profitti.
- Discutere le strategie per combattere l'obsolescenza programmata: design sostenibile, riparabilità dei prodotti, legislazioni specifiche.

L'economia circolare e il riciclo digitale:

- Spiegare il concetto di economia circolare e la sua applicazione nel settore digitale: riutilizzo, riciclo, recupero di risorse.
- Discutere i vantaggi dell'economia circolare: riduzione degli sprechi, conservazione delle risorse, creazione di nuovi modelli di business.
- Analizzare le sfide del riciclo digitale: complessità dei materiali, necessità di tecnologie specifiche, gestione dei rifiuti elettronici.

Conclusione:

- Riassegnare i principali punti affrontati nella trattazione.
- Sottolineare la necessità di un cambiamento di mentalità nel settore tecnologico, orientato verso la sostenibilità ambientale.
- Invitare a un uso consapevole della tecnologia e a un'adozione di stili di vita digitali più sostenibili.

SVILUPPO TRACCIA

Sostenibilità Digitale: Un Pianeta Connesso, Ma Anche Responsabile

Il mondo digitale, con la sua straordinaria crescita e pervasiva presenza nella nostra vita, ha portato innumerevoli benefici, ma ha anche un impatto significativo sull'ambiente. La sostenibilità digitale diventa quindi una sfida urgente, un'urgenza che richiede un cambio di paradigma nel modo in cui utilizziamo, progettiamo e gestiamo la tecnologia.

L'impronta digitale sul pianeta: Il settore tecnologico, con la produzione di dispositivi elettronici, data center, reti di comunicazione e il consumo di energia per alimentare questi sistemi, ha un impatto ambientale non trascurabile. La produzione di smartphone, ad esempio, richiede grandi quantità di risorse e genera rifiuti elettronici. I data center, che alimentano i servizi online, consumano enormi quantità di energia, spesso proveniente da fonti non rinnovabili, contribuendo all'emissione di gas serra. L'uso di internet, seppur immateriale, ha un costo energetico, con l'emissione di anidride carbonica associata alla trasmissione dei dati.

Un futuro più verde: Per mitigare l'impatto ambientale del digitale, è necessario puntare su un'energia più pulita e sostenibile. L'utilizzo di fonti di energia rinnovabile, come solare, eolica, idroelettrica e geotermica, è fondamentale per alimentare il settore digitale in modo più ecologico. L'innovazione tecnologica sta sviluppando nuovi sistemi di storage energetico, come le batterie, per gestire l'intermittenza delle energie rinnovabili e migliorare l'efficienza energetica dei dispositivi e dei data center.

Lotta all'obsolescenza programmata: Un altro problema che contribuisce al consumo eccessivo di risorse è l'obsolescenza programmata, una strategia che progetta i prodotti con una durata limitata per spingere i consumatori a sostituirli con modelli nuovi. Questa pratica, oltre ad aumentare lo spreco, limita la riparabilità dei dispositivi, aumentando la quantità di rifiuti elettronici. Combattere l'obsolescenza programmata significa puntare su prodotti più durevoli, riparabili e riciclabili, oltre a promuovere la consapevolezza dei consumatori su questa pratica.

L'economia circolare per un futuro sostenibile: L'economia circolare, che punta al riutilizzo, al riciclo e al recupero delle risorse, rappresenta un modello di produzione e consumo più sostenibile. Nel settore digitale, l'economia circolare può contribuire a ridurre lo spreco di materiali preziosi e a limitare l'inquinamento da rifiuti elettronici. Le aziende stanno sviluppando soluzioni innovative per il riciclo di dispositivi elettronici, come il recupero di metalli preziosi dai telefoni cellulari. Anche il riutilizzo di dispositivi usati, attraverso il ricondizionamento e la rivendita, è un'iniziativa importante per ridurre l'impatto ambientale.

Verso un futuro digitale sostenibile: La sostenibilità digitale è una sfida che richiede un impegno comune. Produttori, aziende, governi e cittadini devono collaborare per promuovere un'innovazione tecnologica responsabile, che ponga al centro la tutela dell'ambiente e la riduzione dell'impatto ambientale. La consapevolezza e l'educazione sono fondamentali per promuovere un uso responsabile della tecnologia e per spingere verso un'economia digitale più sostenibile. Un futuro digitale sostenibile è possibile, ma richiede una trasformazione radicale del settore tecnologico e un cambio di mentalità da parte di tutti.

L'Internet delle cose (IoT): l'impatto sociale, economico e ambientale dell'IoT; la sicurezza e la privacy dei dati; le nuove opportunità per l'innovazione e lo sviluppo economico.

SCALETTA

Introduzione:

- Definire l'Internet delle cose (IoT) e i suoi elementi chiave: dispositivi connessi, raccolta di dati, comunicazione tra dispositivi.
- Sottolineare la crescente diffusione dell'IoT in diversi settori e la sua influenza su vari aspetti della vita quotidiana.
- Presentare gli aspetti che saranno analizzati: impatto sociale, economico e ambientale, sicurezza e privacy, opportunità di innovazione e sviluppo.

Impatto sociale dell'IoT:

- Analizzare l'impatto dell'IoT sulla vita sociale: nuove opportunità di connessione, miglioramento dei servizi pubblici, aumento dell'efficienza energetica, nuovi modelli di interazione tra persone e cose.
- Discutere le sfide sociali legate all'IoT: digital divide, disoccupazione tecnologica, dipendenza dai dispositivi connessi, rischio di isolamento sociale.
- Riflettere sul ruolo dello Stato e della società civile nella promozione di un utilizzo equo e inclusivo dell'IoT.

Impatto economico dell'IoT:

- Esaminare l'impatto dell'IoT sull'economia: creazione di nuovi settori e nuovi posti di lavoro, aumento della produttività, miglioramento dei processi aziendali, sviluppo di nuovi modelli di business.
- Discutere le sfide economiche legate all'IoT: competizione globale, disuguaglianze economiche, rischio di monopoli digitali.
- Evidenziare il ruolo dello Stato nella regolamentazione del mercato dell'IoT e nella promozione di un modello di sviluppo economico sostenibile.

Impatto ambientale dell'IoT:

- Analizzare l'impatto ambientale dell'IoT: consumo energetico dei dispositivi connessi, produzione di rifiuti elettronici, estrazione di materiali rare, impatto del traffico dati.
- Discutere le strategie per ridurre l'impatto ambientale dell'IoT: utilizzo di materiali riciclabili, produzione di dispositivi a basso consumo energetico, sviluppo di tecnologie più sostenibili.

- Sottolineare l'importanza di un approccio ecologico nella progettazione e nell'utilizzo dei dispositivi connessi.

Sicurezza e privacy dei dati:

- Esaminare i rischi per la sicurezza dei dati nell'IoT: attacchi informatici, furto di identità, manipolazione dei dispositivi connessi.
- Discutere le sfide per la privacy dei dati nell'IoT: raccolta di dati personali, monitoraggio costante, rischio di profilazione e discriminazione.
- Evidenziare la necessità di regolamentazioni stringenti per la sicurezza e la privacy dei dati nell'IoT.

Nuove opportunità per l'innovazione e lo sviluppo economico:

- Analizzare le nuove opportunità di innovazione tecnologica legate all'IoT: sviluppo di nuovi prodotti e servizi, miglioramento dei processi produttivi, automazione dei servizi.
- Discutere il potenziale dell'IoT per lo sviluppo economico: creazione di nuovi settori e nuovi posti di lavoro, aumento della competitività globale, miglioramento della qualità della vita.
- Sottolineare la necessità di investimenti in ricerca e sviluppo nell'ambito dell'IoT.

Conclusione:

- Riassegnare i punti chiave affrontati nella trattazione.
- Evidenziare il potenziale trasformativo dell'IoT, con le sue opportunità e i suoi rischi.
- Invitare a un approccio responsabile allo sviluppo e all'utilizzo dell'IoT, basato sulla sostenibilità, la sicurezza, la privacy e l'inclusione sociale.

SVILUPPO TRACCIA

L'Internet delle Cose: Un Mondo Connesso Tra Opportunità e Sfide

L'Internet delle cose (IoT) sta trasformando il mondo in cui viviamo. Attraverso una rete di dispositivi connessi, l'IoT raccolta dati, comunica informazioni e rende possibile una nuova forma di interazione tra persone e cose. Questo mondo connesso offre enormi opportunità di innovazione e sviluppo, ma presenta anche sfide significative che vanno affrontate con attenzione e responsabilità.

Un mondo connesso: L'IoT sta rivoluzionando la vita quotidiana in tutti i settori. Dalle case intelligenti ai veicoli autonomi, dall'agricoltura di precisione alla sanità digitale, l'IoT sta creando nuovi servizi e nuovi modelli di interazione. L'IoT sta rendendo la nostra vita più comoda, più efficiente e più sicura. Tuttavia, questo mondo connesso porta con sé anche delle sfide significative.

Impatto sociale e economico: L'IoT ha un impatto profondo sulla società e sull'economia. Da un lato, crea nuove opportunità di lavoro e sviluppo economico, promuove l'innovazione tecnologica e migliora l'efficienza dei processi produttivi. Dall'altro, rischia di accentuare le disuguaglianze sociali, creando un digital divide tra chi ha accesso alle tecnologie e chi no. L'automazione dei processi produttivi rischia di portare alla perdita di posti di lavoro in alcuni settori, rendendo necessaria una riqualificazione della forza lavoro.

Sfide ambientali: L'IoT non è esente da implicazioni ambientali. La produzione di dispositivi connessi, il consumo energetico di questi dispositivi e la gestione dei rifiuti elettronici rappresentano sfide significative. È necessario sviluppare tecnologie più sostenibili, utilizzare materiali riciclabili e promuovere un consumo responsabile di dispositivi connessi.

Sicurezza e privacy: La crescente connessione tra dispositivi e l'enorme quantità di dati raccolti dall'IoT creano rischi per la sicurezza e la privacy. Gli attacchi informatici ai dispositivi connessi sono in aumento, e la raccolta di dati personali da parte di imprese e istituzioni pone questioni etiche e legali. È fondamentale adottare misure di sicurezza stringenti e regolamentazioni chiare per proteggere la privacy dei dati e garantire la sicurezza dei dispositivi connessi.

Opportunità di innovazione e sviluppo: L'IoT offre un enorme potenziale per l'innovazione tecnologica e lo sviluppo economico. La raccolta e l'analisi dei dati possono essere utilizzate per sviluppare nuovi prodotti e servizi, migliorare l'efficienza dei processi produttivi e creare nuovi modelli di business. L'IoT può contribuire a creare nuovi settori e nuovi posti di lavoro, promuovendo la crescita economica e il benessere sociale.

Un futuro responsabile: L'IoT è una tecnologia trasformativa che ha il potenziale per migliorare la nostra vita in molti modi. Tuttavia, è fondamentale adottare un approccio responsabile allo sviluppo e all'utilizzo dell'IoT, tenendo conto delle sue implicazioni sociali, economiche e ambientali. La promozione di un'innovazione sostenibile, la tutela della privacy e la sicurezza dei dati, l'inclusione sociale e la formazione di una forza lavoro competente sono fattori essenziali per costruire un futuro positivo con l'IoT.

La blockchain e le criptovalute: la tecnologia blockchain e le sue applicazioni; le criptovalute e il futuro della finanza; le sfide e le opportunità per l'economia digitale.

SCALETTA

Introduzione:

- Definire la tecnologia blockchain come un sistema di registrazione digitale distribuito, decentralizzato e sicuro.
- Spiegare il concetto di criptovaluta come una moneta digitale che si basa sulla blockchain per la sicurezza e la trasparenza delle transazioni.
- Sottolineare l'impatto rivoluzionario della blockchain e delle criptovalute sul mondo finanziario e digitale.

La tecnologia blockchain e le sue applicazioni:

- Descrivere il funzionamento della blockchain: registro distribuito, crittografia, consensus, immutabilità.
- Elencare le applicazioni della blockchain oltre le criptovalute: tracciabilità di prodotti, gestione di contratti intelligenti, sistemi di voto elettronico, archiviazione medica, registrazione delle proprietà.
- Analizzare i vantaggi della blockchain: sicurezza, trasparenza, decentralizzazione, efficienza, riduzione dei costi.

Le criptovalute e il futuro della finanza:

- Definire le criptovalute come monete digitali decentralizzate che utilizzano la blockchain per le transazioni.
- Spiegare i diversi tipi di criptovalute: Bitcoin, Ethereum, stablecoin, altcoin.
- Discutere l'impatto delle criptovalute sul sistema finanziario tradizionale: nuovi modelli di pagamento, finanza decentralizzata, investimento in asset digitali.
- Analizzare i vantaggi delle criptovalute: anonimato, trasferimenti rapidi e a basso costo, indipendenza dalle banche centrali.

Sfide e opportunità per l'economia digitale:

- Discutere le sfide per l'adozione di massa delle criptovalute: volatilità, regolamentazione, sicurezza, complessità tecnologica, consapevolezza del pubblico.
- Analizzare le opportunità che la blockchain e le criptovalute offrono per l'economia digitale: innovazione finanziaria, sviluppo di nuovi modelli di business, crescita di nuovi settori economici.

- Riflettere sul ruolo delle istituzioni finanziarie tradizionali e delle politiche pubbliche nell'adattamento al nuovo panorama digitale.

Conclusione:

- Riassegnare i punti chiave affrontati nella trattazione.
- Evidenziare l'enorme potenziale trasformativo della blockchain e delle criptovalute, con le sue opportunità e i suoi rischi.
- Invitare a un approccio responsabile e critico allo sviluppo e all'utilizzo di questa nuova tecnologia, tenendo conto delle sfide e delle opportunità per l'economia digitale.

SVILUPPO TRACCIA

Blockchain e Criptovalute: Un'Era di Trasformazione Digitale

La tecnologia blockchain e le criptovalute stanno rivoluzionando il mondo finanziario e digitale, creando un nuovo panorama caratterizzato da decentralizzazione, trasparenza e sicurezza. Mentre l'adozione di queste tecnologie si diffonde a livello globale, si aprono nuove opportunità di innovazione e sviluppo economico, ma anche sfide da affrontare con cautela e responsabilità.

La blockchain: un registro digitale rivoluzionario: La blockchain è un sistema di registrazione digitale distribuito, decentralizzato e sicuro. Ogni transazione viene registrata su un registro pubblico e immutabile, accessibile a tutti i partecipanti della rete. Questo sistema garantisce la trasparenza e la tracciabilità delle transazioni, riducendo il rischio di frodi e manipolazioni. La blockchain offre una nuova forma di sicurezza e fiducia nei sistemi digitali.

Criptovalute: la rivoluzione finanziaria: Le criptovalute sono monete digitali decentralizzate che si basano sulla blockchain per le transazioni. Bitcoin, la prima criptovaluta creata, ha aperto la strada a un nuovo mondo di finanza digitale. Le criptovalute consentono transazioni rapide, sicure e a basso costo, indipendentemente dai sistemi finanziari tradizionali. Le criptovalute offrono nuovi modelli di pagamento, investimento e gestione del patrimonio, e stanno rivoluzionando il modo in cui le persone gestiscono il proprio denaro.

Sfide e opportunità per l'economia digitale: L'adozione di massa delle criptovalute è ancora in corso, e si affrontano sfide significative: volatilità dei prezzi, regolamentazione legale non definita, rischi di sicurezza informatica, complessità tecnologica e scarsa consapevolezza del pubblico. Tuttavia, la blockchain e le criptovalute offrono enormi opportunità per l'innovazione finanziaria, lo sviluppo di nuovi modelli di business e la crescita di nuovi settori economici.

Un nuovo panorama finanziario: La blockchain e le criptovalute stanno trascinando una rivoluzione finanziaria, che potrebbe portare a un nuovo sistema finanziario decentralizzato e più inclusivo. L'impatto di queste tecnologie sul sistema finanziario tradizionale è ancora in evoluzione, ma è chiaro che il futuro della finanza sarà marcato dall'innovazione digitale. È necessario un approccio responsabile e un dibattito pubblico approfondito per guidare lo sviluppo e l'adozione di questa nuova tecnologia, affrontando le sfide e valorizzando le opportunità per l'economia digitale e per la società nel suo insieme.

La robotica e l'automazione: il ruolo crescente della robotica e dell'automazione; l'impatto sul mercato del lavoro; le nuove opportunità per l'innovazione e lo sviluppo economico.

SCALETTA

Introduzione:

- Definire la robotica e l'automazione come tecnologie che permettono ai robot e ai sistemi automatici di svolgere compiti precedentemente svolti dagli esseri umani.
- Sottolineare l'influenza crescente di queste tecnologie in diversi settori, dall'industria manifatturiera alla sanità.
- Presentare gli aspetti che saranno analizzati: ruolo crescente della robotica e dell'automazione, impatto sul mercato del lavoro, opportunità di innovazione e sviluppo economico.

Il ruolo crescente della robotica e dell'automazione:

- Spiegare l'evoluzione della robotica e dell'automazione, con esempi concreti di applicazioni in diversi settori.
- Analizzare i vantaggi della robotica e dell'automazione: aumento della produttività, riduzione dei costi, miglioramento della qualità, possibilità di svolgere compiti pericolosi o ripetitivi.
- Discutere le diverse tipologie di robot e sistemi automatismi, dalle linee di produzione industriali ai robot assistenziali.

Impatto sul mercato del lavoro:

- Esaminare le potenziali conseguenze dell'automazione sul mercato del lavoro: perdita di posti di lavoro in settori tradizionali, riqualificazione dei lavoratori, creazione di nuovi posti di lavoro in settori emergenti.
- Analizzare le sfide per la formazione e l'occupazione: adattare i sistemi educativi alle nuove esigenze del mercato del lavoro, promuovere la riqualificazione dei lavoratori, investire nella formazione continua.
- Riflettere sul ruolo dello Stato e delle imprese nell'affrontare le sfide legate all'automazione del lavoro.

Nuove opportunità per l'innovazione e lo sviluppo economico:

- Discutere il potenziale dell'automazione per l'innovazione tecnologica e lo sviluppo economico: sviluppo di nuovi prodotti e servizi, miglioramento dei processi produttivi, aumento della competitività globale.

- Analizzare le opportunità di crescita economica legate a settori come la robotica, l'intelligenza artificiale e l'automazione industriale.
- Evidenziare il ruolo della ricerca e dell'innovazione nella promozione di un futuro più tecnologicamente avanzato.

Conclusione:

- Riassegnare i punti chiave affrontati nella trattazione.
- Sottolineare l'importanza di un approccio responsabile all'automazione, tenendo conto sia delle sfide che delle opportunità legate a questa tecnologia.
- Invitare a un impegno collettivo per garantire una transizione equa e inclusiva verso un futuro del lavoro caratterizzato dall'automazione e dall'innovazione.

SVILUPPO TRACCIA

Robotica e Automazione: Un Futuro Tra Sviluppo e Sfide

La robotica e l'automazione stanno trasformando il mondo del lavoro a un ritmo senza precedenti. L'utilizzo di robot e sistemi automatici sta crescendo in modo esponenziale in diversi settori, dalla produzione industriale alla sanità, dal trasporto all'assistenza domestica. Questa rivoluzione tecnologica offre enormi opportunità di innovazione e sviluppo economico, ma presenta anche sfide significative che vanno affrontate con cautela e con un approccio responsabile.

Il ruolo crescente dei robot: I robot e i sistemi automatismi sono ormai presenti in molti ambienti lavorativi. Svolgono compiti ripetitivi, pericolosi o che richiedono un elevato livello di precisione, liberando la forza lavoro umana da attività faticose e a basso valore aggiunto. L'utilizzo di robot in settori come la produzione industriale e la logistica ha portato a un aumento significativo della produttività e ha ridotto i costi di produzione.

L'impatto sul mercato del lavoro: L'automazione del lavoro porta con sé sia opportunità che sfide per il mercato del lavoro. Da un lato, la crescita del settore robotico crea nuovi posti di lavoro in ambito di ingegneria, programmazione e manutenzione dei robot. Dall'altro, l'automazione rischia di sostituire posti di lavoro tradizionali, in particolari in settori come la produzione industriale e il trasporto. Questo porta alla necessità di riqualificazione e di adattamento della forza lavoro alle nuove esigenze del mercato.

Sfide per la formazione: La formazione e l'educazione giocano un ruolo fondamentale per affrontare le sfide legate all'automazione del lavoro. È necessario investire nella formazione professionale, promuovere la riqualificazione dei lavoratori e preparare le future generazioni alle nuove esigenze del mercato del lavoro. I sistemi educativi devono adattarsi alle nuove tecnologie e sviluppare programmi formativi che consentano di acquisire le competenze necessarie per operare in un mondo del lavoro sempre più tecnologico.

Opportunità di innovazione e sviluppo: La robotica e l'automazione offrono enormi opportunità di innovazione e sviluppo economico. L'utilizzo di robot e sistemi automatismi può portare a una maggiore efficienza, a una riduzione dei costi e a un miglioramento della qualità dei prodotti e dei servizi. Questo conduce a una crescita economica e a un aumento della competitività globale. La robotica può contribuire a creare nuovi settori industriali e nuovi posti di lavoro in ambito di ricerca, sviluppo e manutenzione dei robot.

Un futuro responsabile: La rivoluzione robotica e l'automazione del lavoro presentano sia opportunità che sfide. È necessario un approccio responsabile e un impegno collettivo per affrontare queste sfide e valorizzare le opportunità che si presentano. Investire nella formazione e nella riqualificazione della forza lavoro, promuovere la ricerca e l'innovazione in ambito robotico, e sviluppare politiche che garantiscano un futuro del lavoro equo e inclusivo sono fattori essenziali per costruire un futuro positivo e prospero in un mondo sempre più tecnologico.

L'intelligenza artificiale e l'etica: le sfide etiche legate allo sviluppo e all'uso dell'AI; la responsabilità per le decisioni dell'AI; il rischio di discriminazione e di manipolazione; la regolamentazione dell'AI.

SCALETTA

Introduzione:

- Definire l'intelligenza artificiale (AI) e sottolineare il suo crescente impatto su vari aspetti della vita umana.
- Evidenziare l'importanza di un'analisi etica del suo sviluppo e utilizzo, data la sua potenziale influenza su decisioni significative che riguardano le persone.
- Presentare gli aspetti che saranno analizzati: sfide etiche, responsabilità delle decisioni, rischi di discriminazione e manipolazione, regolamentazione.

Sfide etiche legate allo sviluppo e all'uso dell'AI:

- Discutere le implicazioni etiche dell'utilizzo dell'AI in diversi ambiti: sanità, giustizia, sicurezza, economia, politica.
- Analizzare i dilemmi etici connessi allo sviluppo dell'AI: la creazione di sistemi di intelligenza artificiale che possano superare le capacità umane, il potenziale di creare sistemi che possano essere pericolosi per l'umanità.
- Riflettere sulla necessità di un approccio etico alla ricerca e allo sviluppo dell'AI, che tenga conto dei valori umani e dei rischi potenziali.

La responsabilità per le decisioni dell'AI:

- Discutere il problema della responsabilità per le decisioni prese dai sistemi di AI: chi è responsabile se un sistema di AI prende una decisione che ha conseguenze negative?
- Analizzare i diversi modelli di responsabilità etica e legale: la responsabilità del programmatore, la responsabilità del proprietario del sistema, la responsabilità del sistema stesso.
- Riflettere sull'esigenza di sviluppare un quadro etico e legale che definisca la responsabilità in caso di decisioni prese dai sistemi di AI.

Il rischio di discriminazione e di manipolazione:

- Evidenziare il rischio che i sistemi di AI possano riflettere e riprodurre i pregiudizi e le discriminazioni presenti nella società, se non vengono sviluppati con un approccio etico e inclusivo.
- Discutere il rischio di manipolazione dell'opinione pubblica da parte di sistemi di AI che possono essere utilizzati per diffondere disinformazione o per influenzare le scelte degli utenti.

- Sottolineare l'importanza di sviluppare sistemi di AI che siano trasparenti, equilibrati e privi di pregiudizi.

La regolamentazione dell'AI:

- Discutere la necessità di una regolamentazione specifica per lo sviluppo e l'utilizzo dell'AI, che tenga conto delle sfide etiche e dei rischi potenziali.
- Analizzare le diverse proposte di regolamentazione: principi etici per lo sviluppo dell'AI, norme che garantiscano la trasparenza e la responsabilità dei sistemi di AI, regole per la protezione dei dati personali.
- Riflettere sul ruolo dello Stato e della società civile nella regolamentazione etica e legale dell'AI.

Conclusione:

- Riassegnare i punti chiave affrontati nella trattazione.
- Sottolineare l'importanza di un approccio etico e responsabile allo sviluppo e all'utilizzo dell'AI, per garantire che questa potente tecnologia sia utilizzata a beneficio dell'umanità.
- Invitare a un dibattito pubblico approfondito sulle sfide etiche legate all'AI, per costruire un futuro in cui l'intelligenza artificiale sia un alleato dell'uomo e non una minaccia.

SVILUPPO TRACCIA

Intelligenza Artificiale: Un Potere da Governare con Saggezza

L'intelligenza artificiale (AI) sta trasformando il nostro mondo a un ritmo senza precedenti. Dall'assistenza sanitaria alla finanza, dalla produzione industriale all'intrattenimento, l'AI sta diventando sempre più presente nella nostra vita, offrendo enormi opportunità di progresso e sviluppo. Tuttavia, questa potente tecnologia solleva anche questioni etiche e sociali complesse che vanno affrontate con cautela e saggezza.

Sfide etiche dell'AI: L'AI sta sollevando un dibattito etico senza precedenti. I sistemi di AI stanno prendendo decisioni che hanno un impatto significativo sulla vita delle persone, dalla diagnosi medica alla selezione del personale. Sorge quindi la questione della responsabilità etica e legale per le decisioni prese dall'AI. Chi è responsabile se un sistema di AI prende una decisione errata o discriminatoria?

Il rischio di discriminazione: I sistemi di AI sono spesso "addestrati" su dati storici che possono riflettere i pregiudizi e le discriminazioni presenti nella società. Questo può portare a decisioni inique e discriminatorio nei confronti di determinati gruppi di persone. È fondamentale sviluppare sistemi di AI che siano trasparenti, equilibrati e privi di pregiudizi.

Il rischio di manipolazione: L'AI può essere utilizzata per manipolare l'opinione pubblica, diffondere disinformazione e influenzare le scelte degli utenti. I sistemi di AI possono essere utilizzati per creare contenuti falsi o per diffondere propaganda politica. È fondamentale sviluppare meccanismi di difesa contro la manipolazione e promuovere l'educazione critica all'uso delle tecnologie digitali.

La regolamentazione dell'AI: La necessità di una regolamentazione etica e legale dell'AI è sempre più urgente. È indispensabile definire principi etici per lo sviluppo e l'utilizzo dell'AI, che garantiscano la trasparenza, la responsabilità e la protezione dei dati personali. È necessario un approccio proattivo e collaborativo tra governi, imprese e società civile per sviluppare un quadro normativo che guidi lo sviluppo e l'utilizzo responsabile dell'AI.

Un futuro etico per l'AI: L'intelligenza artificiale ha il potenziale per trasformare la nostra vita in modo profondo e positivo. Tuttavia, è fondamentale che lo sviluppo e l'utilizzo dell'AI siano guidati da principi etici solidi. La trasparenza, la responsabilità, la protezione dei dati personali e la lotta alla discriminazione devono essere al centro di ogni decisione relativa all'AI. Un futuro etico per l'AI richiede un impegno collettivo per costruire un mondo in cui la tecnologia sia al servizio dell'umanità e non una minaccia per essa.

La bioingegneria e la genetica: le nuove tecnologie per la cura delle malattie; l'ingegneria genetica e il futuro della medicina; le sfide etiche e sociali legate alla manipolazione genetica.

SCALETTA

Introduzione:

- Definire la bioingegneria come il campo interdisciplinare che combina la biologia, l'ingegneria e la tecnologia per creare soluzioni innovative nel campo della salute e della medicina.
- Spiegare il ruolo chiave della genetica nella bioingegneria, con la possibilità di modificare il genoma per curare malattie e migliorare la salute umana.
- Presentare gli aspetti che saranno analizzati: nuove tecnologie per la cura delle malattie, ingegneria genetica e il futuro della medicina, sfide etiche e sociali.

Le nuove tecnologie per la cura delle malattie:

- Discutere le nuove tecnologie che stanno rivoluzionando la medicina: terapia genica, ingegneria genetica, editing genomico, nanotecnologie, biomateriali.
- Spiegare come queste tecnologie possano essere utilizzate per curare malattie genetiche, malattie cancro, malattie infettive e altre patologie.
- Evidenziare i vantaggi potenziali di queste tecnologie: cure più efficaci, personalizzate e mirate, possibilità di prevenire le malattie.

L'ingegneria genetica e il futuro della medicina:

- Analizzare il potenziale dell'ingegneria genetica per la medicina del futuro: sviluppo di nuovi farmaci, diagnosi precoci, terapia genica per curare malattie genetiche, possibilità di modificare il genoma per migliorare la salute e la longevità.
- Discutere le sfide tecniche e scientifiche legate allo sviluppo dell'ingegneria genetica: sicurezza e efficacia delle tecnologie, rischio di effetti collaterali, complessità del genoma umano.
- Riflettere sull'impatto potenziale dell'ingegneria genetica sulla società e sulla definizione stessa di "salute".

Sfide etiche e sociali legate alla manipolazione genetica:

- Analizzare i dilemmi etici legati alla manipolazione genetica: il diritto di modificare il genoma umano, il rischio di creare "diseguaglianze genetiche", il potenziale abuso di queste tecnologie per scopi non terapeutici.

- Discutere le sfide sociali legate alla manipolazione genetica: accesso equo alle tecnologie genetiche, impatto sulla biodiversità umana, questioni di privacy e confidenzialità dei dati genetici.
- Riflettere sul ruolo dello Stato, della società civile e della comunità scientifica nella regolamentazione etica e legale della manipolazione genetica.

Conclusione:

- Riassegnare i punti chiave affrontati nella trattazione.
- Sottolineare il potenziale trasformativo della bioingegneria e della genetica per la salute umana, ma anche l'importanza di un approccio etico e responsabile a queste tecnologie.
- Invitare a un dibattito pubblico approfondito sulle sfide etiche e sociali legate alla manipolazione genetica, per costruire un futuro in cui la tecnologia sia utilizzata a beneficio dell'umanità e della vita sul pianeta.

SVILUPPO TRACCIA

La Bioingegneria e la Genetica: Un Futuro Tra Speranza e Dilemmi Etici

La bioingegneria e la genetica stanno trascinando una rivoluzione senza precedenti nel campo della medicina e della salute umana. Le nuove tecnologie permettono di modificare il genoma umano, offrendo la possibilità di curare malattie genetiche, prevenire patologie e migliorare la salute e la longevità. Tuttavia, queste potenzialità sono accompagnate da dilemmi etici e sociali complessi che riguardano il futuro dell'umanità e la definizione stessa di "vita".

La bioingegneria: un ponte tra biologia e tecnologia: La bioingegneria è un campo interdisciplinare che combina la biologia, l'ingegneria e la tecnologia per creare soluzioni innovative nel campo della salute e della medicina. Grazie a questo approccio innovativo, sono state sviluppate nuove tecnologie come la terapia genica, l'ingegneria genetica e l'editing genomico. Queste tecnologie offrono la possibilità di curare malattie genetiche, come la fibrosi cistica o la distrofia muscolare, che fino a poco tempo fa erano incurabili.

L'ingegneria genetica: il futuro della medicina: L'ingegneria genetica è una tecnologia che permette di modificare il genoma di un organismo, compreso l'uomo. Questa tecnologia offre la possibilità di sviluppare nuovi farmaci, migliorare l'efficacia delle terapie mediche, diagnosi precoci e persino la prevenzione di malattie. L'editing genomico, una tecnologia recente e rivoluzionaria, permette di modificare il DNA con un'estrema precisione, aprendo nuove possibilità per la cura di malattie genetiche.

Sfide etiche e sociali: Le nuove tecnologie legate alla bioingegneria e alla genetica sollevano dilemmi etici e sociali complessi. La possibilità di modificare il genoma umano solleva questioni fondamentali sul diritto di modificare la natura umana, sul rischio di creare "diseguaglianze genetiche" e sul potenziale abuso di queste tecnologie per scopi non terapeutici. Le questioni di privacy e confidenzialità dei dati genetici sono altrettanto importanti.

Un futuro responsabile: La bioingegneria e la genetica offrono enormi potenzialità per migliorare la salute umana e combattere le malattie. Tuttavia, è necessario un approccio etico e responsabile a queste tecnologie. È fondamentale definire principi etici chiari per l'utilizzo della bioingegneria e della genetica, garantire un accesso equo a queste tecnologie e promuovere un dibattito pubblico aperto e trasparente sulle implicazioni etiche e sociali di queste nuove frontiere scientifiche. Un futuro responsabile nell'ambito della bioingegneria e della genetica richiede un impegno collettivo per costruire un mondo in cui la tecnologia sia al servizio della salute e del benessere dell'umanità, senza compromettere i valori fondamentali della vita e della dignità umana.

La sostenibilità digitale: l'impatto ambientale della tecnologia; la lotta all'obsolescenza programmata; il riciclo digitale e la gestione dei rifiuti elettronici; il ruolo della tecnologia per la sostenibilità.

SCALETTA

Introduzione:

- Definire il concetto di sostenibilità digitale, evidenziando il legame tra tecnologia e ambiente.
- Sottolineare l'impatto ambientale crescente delle tecnologie digitali, nonostante i vantaggi che offrono.
- Presentare gli aspetti che saranno analizzati: impatto ambientale, obsolescenza programmata, riciclo digitale e gestione dei rifiuti elettronici, ruolo della tecnologia per la sostenibilità.

L'impatto ambientale della tecnologia:

- Analizzare l'impatto ambientale della produzione di dispositivi elettronici: consumo di risorse naturali, emissioni di gas serra, inquinamento delle acque e del suolo.
- Discutere il consumo energetico dei data center e dei dispositivi connessi a Internet.
- Evidenziare il ruolo della tecnologia nella diffusione di informazioni e nella promozione di comportamenti sostenibili, ma anche la contraddizione di un impatto ambientale crescente.

La lotta all'obsolescenza programmata:

- Spiegare il concetto di obsolescenza programmata, un modello di produzione che rende i prodotti elettronici obsoleti in tempi sempre più brevi.
- Analizzare le strategie utilizzate per rendere i dispositivi obsoleti: aggiornamenti software incompatibili, prodotti progettati per durar poco, mancanza di pezzi di ricambio.
- Discutere le conseguenze dell'obsolescenza programmata: aumento dei rifiuti elettronici, spreco di risorse, diminuzione della longevità dei prodotti.

Il riciclo digitale e la gestione dei rifiuti elettronici:

- Evidenziare il problema crescente dei rifiuti elettronici: discariche illegali, inquinamento del suolo e delle acque, perdita di materiali preziosi.
- Analizzare i processi di riciclo digitale: raccolta differenziata, recupero di metalli preziosi e altri materiali, riutilizzo di componenti elettronici.
- Discutere le sfide per la gestione dei rifiuti elettronici: spesso mancano infrastrutture adeguate, i processi di riciclo sono complessi e costosi.

Il ruolo della tecnologia per la sostenibilità:

- Analizzare il potenziale della tecnologia per promuovere la sostenibilità: utilizzo di energie rinnovabili per i data center, sviluppo di dispositivi più efficienti dal punto di vista energetico, sistemi di trasporto elettrico.
- Discutere il ruolo della tecnologia nella lotta al cambiamento climatico: monitoraggio ambientale, ottimizzazione delle risorse, scambio di informazioni su soluzioni sostenibili.
- Evidenziare il ruolo della tecnologia nella promozione di un consumo consapevole e nella diffusione di una cultura di sostenibilità.

Conclusione:

- Riassegnare i punti chiave affrontati nella trattazione.
- Sottolineare la necessità di un approccio responsabile allo sviluppo e all'utilizzo delle tecnologie digitali, tenendo conto del loro impatto ambientale.
- Invitare a un impegno collettivo per promuovere un'innovazione tecnologica sostenibile, ridurre l'obsolescenza programmata e migliorare la gestione dei rifiuti elettronici.

SVILUPPO TRACCIA

La Sostenibilità Digitale: Un Ponte Tra Progresso e Ambiente

Viviamo in un'epoca caratterizzata da un'esplosione tecnologica senza precedenti. Le tecnologie digitali hanno trasformato il nostro modo di vivere, lavorare, comunicare e relazionarci con il mondo. Tuttavia, questo progresso ha un costo ambientale significativo che non possiamo ignorare. La sostenibilità digitale diventa quindi un tema centrale per un futuro che possa essere sia tecnologicamente avanzato sia ecologicamente responsabile.

L'ombra ambientale della tecnologia: La produzione di dispositivi elettronici, come smartphone, computer e tablet, richiede un'enorme quantità di risorse naturali, come minerali rari, petrolio e acqua. Il processo produttivo genera emissioni di gas serra e inquina l'ambiente. I data center che alimentano il web e i servizi digitali consumano quantità enorme di energia, contribuendo al riscaldamento globale. Nonostante la tecnologia possa essere un alleato nella lotta ai cambiamenti climatici, il suo impatto ambientale non è da sottovalutare.

L'obsolescenza programmata: un circolo vizioso: L'obsolescenza programmata è una pratica che rende i prodotti elettronici obsoleti in tempi sempre più brevi, spingendo i consumatori a sostituirli con modelli nuovi. Questa pratica si basa su strategie come aggiornamenti software incompatibili, prodotti progettati per durar poco e mancanza di pezzi di ricambio. L'obsolescenza programmata conduce a un aumento dei rifiuti elettronici, a un consumo eccessivo di risorse e a un circolo vizioso di produzione e spreco.

Il riciclo digitale: un passo verso la sostenibilità: La gestione dei rifiuti elettronici è un problema sempre più urgente. Le discariche illegali inquinano il suolo e le acque, mentre i materiali preziosi contenuti nei dispositivi elettronici vengono sprecati. Il riciclo digitale è fondamentale per recuperare metalli preziosi, plastica e altri materiali utilizzabili per nuovi prodotti. Tuttavia, i processi di riciclo sono complessi e costosi, e spesso mancano infrastrutture adeguate.

La tecnologia a servizio della sostenibilità: Nonostante l'impatto ambientale negativo, la tecnologia può essere un alleato fondamentale nella lotta ai cambiamenti climatici. Le energie rinnovabili possono alimentare i data center, i sistemi di trasporto elettrico possono ridurre le emissioni, e le applicazioni di monitoraggio ambientale possono aiutare a gestire le risorse in modo più efficiente. Inoltre, la tecnologia può essere utilizzata per promuovere un consumo consapevole e per diffondere una cultura di sostenibilità.

Un futuro digitale sostenibile: La sostenibilità digitale è una sfida ma anche un'opportunità per un futuro che possa essere sia tecnologicamente avanzato sia ecologicamente responsabile. È necessario un cambio di mentalità da parte di aziende, consumatori e governi. L'obsolescenza programmata deve essere combattuta, il riciclo digitale deve essere incentivato e l'innovazione tecnologica deve essere orientata verso la sostenibilità. Solo in questo modo potremo costruire un futuro digitale che sia al servizio dell'umanità e del pianeta.

La realtà aumentata e la realtà virtuale: le applicazioni della realtà aumentata e virtuale; l'impatto sulla cultura, l'intrattenimento e il lavoro; le sfide etiche e sociali legate all'utilizzo di queste tecnologie.

SCALETTA

Introduzione:

- Definire la realtà aumentata (AR) e la realtà virtuale (VR) come tecnologie che modificano la percezione della realtà attraverso l'uso di dispositivi digitali.
- Sottolineare il rapido sviluppo e la crescente diffusione di queste tecnologie in diversi settori.
- Presentare gli aspetti che saranno analizzati: applicazioni, impatto culturale, impatto sull'intrattenimento, impatto sul lavoro, sfide etiche e sociali.

Applicazioni della realtà aumentata e virtuale:

- Descrivere le diverse applicazioni della AR e VR: giochi e intrattenimento, formazione e istruzione, medicina e chirurgia, turismo e viaggi, design e architettura, commercio al dettaglio, marketing e pubblicità.
- Fornire esempi concreti di come queste tecnologie vengono utilizzate in diversi settori: videogiochi immersivi, simulazioni di formazione medica, visite virtuali a musei o monumenti storici, esperienze di shopping online più coinvolgenti.
- Evidenziare il potenziale di queste tecnologie per migliorare l'esperienza umana in vari ambiti.

Impatto sulla cultura e sull'intrattenimento:

- Analizzare l'impatto della AR e VR sulla cultura: creazione di nuove forme di arte e intrattenimento, nuove forme di narrazione e di interazione, nuove esperienze sociali.
- Discutere il potenziale di queste tecnologie per promuovere l'inclusione e la diversità culturale, rendendo accessibili esperienze culturali a un pubblico più ampio.
- Riflettere sul rischio di isolamento e di dipendenza da queste tecnologie, soprattutto per le giovani generazioni.

Impatto sul lavoro:

- Esaminare il potenziale della AR e VR per trasformare il mondo del lavoro: formazione professionale più efficace, collaborazione a distanza più immersiva, manutenzione e riparazione remote, creazione di nuovi posti di lavoro nei settori tecnologici.
- Discutere i rischi di automazione e di perdita di posti di lavoro in alcuni settori, necessità di riqualificazione della forza lavoro.

- Riflettere sul ruolo dello Stato e delle imprese nel preparare la forza lavoro ai cambiamenti indotti da queste tecnologie.

Sfide etiche e sociali:

- Analizzare le sfide etiche legate all'utilizzo della AR e VR: privacy dei dati, sicurezza cybernetica, dipendenza da queste tecnologie, manipolatori virtuali e influenza sulle scelte degli utenti.
- Discutere le sfide sociali legate all'utilizzo della AR e VR: disuguaglianze nell'accesso a queste tecnologie, impatto sulle relazioni interpersonali, influenza sull'identità e sul senso di realtà.
- Riflettere sull'importanza di sviluppare un quadro etico e legale che regolamenti lo sviluppo e l'utilizzo di queste tecnologie per garantire che siano utilizzate in modo responsabile e benefico per l'umanità.

Conclusione:

- Riassegnare i punti chiave affrontati nella trattazione.
- Sottolineare l'importanza di un approccio etico e responsabile allo sviluppo e all'utilizzo della AR e VR.
- Invitare a un dibattito pubblico approfondito sulle sfide etiche e sociali legate a queste tecnologie, per costruire un futuro in cui la realtà aumentata e virtuale siano uno strumento di progresso e di benessere per l'umanità.

SVILUPPO TRACCIA

Realtà Aumentata e Virtuale: Un Ponte Tra Reale e Digitale, Tra Opportunità e Sfide

La realtà aumentata (AR) e la realtà virtuale (VR) stanno trasformando il modo in cui interagiamo con il mondo. Queste tecnologie, capaci di modificare la percezione della realtà attraverso dispositivi digitali, stanno rivoluzionando vari settori, dal gioco e l'intrattenimento alla medicina e l'istruzione, fino al lavoro e la comunicazione. Le possibilità sono infinite, ma con loro emergono anche sfide etiche e sociali che devono essere affrontate con cautela e responsabilità.

Un Mondo Ibrido: La realtà aumentata sovrapposizione di elementi digitali al mondo reale, arricchendo la percezione dell'ambiente circostante. Immaginate di puntare il vostro smartphone verso un monumento storico e vedere apparire una ricostruzione tridimensionale del passato, oppure di utilizzare un'app per visualizzare il mobilio in 3D all'interno della vostra casa prima di acquistarlo. La realtà virtuale, invece, ci trasporta in ambienti digitali completamente immersivi, come se fossimo in un altro mondo. Potremmo esplorare pianeti lontani, immergerci in un gioco video come se fossimo all'interno della storia, o anche partecipare a riunioni di lavoro a distanza con un senso di presenza reale.

Impatti e Trasformazioni: La AR e la VR hanno un impatto profondo su diversi aspetti della nostra vita. Nel mondo dell'intrattenimento, offrono nuove forme di gioco interattivo e immersivo, con possibilità di esplorare realtà virtuali e di interagire con personaggi virtuali in modo mai visto prima. Nell'istruzione, permettono di creare esperienze di apprendimento interattive e coinvolgenti, con similatori virtuali per la formazione medica o ambienti virtuali per l'apprendimento delle lingue. Nel mondo del lavoro, la AR e la VR hanno il potenziale di rivoluzionare la formazione, la collaborazione a distanza, la manutenzione e la riparazione remote, creando nuove opportunità di lavoro e di sviluppo economico.

Sfide Etiche e Sociali: Con l'espansione della AR e la VR, emergono anche questioni etiche e sociali complesse. La privacy dei dati diventa un tema cruciale, in quanto queste tecnologie raccolgono dati sulla nostra posizione, sui nostri movimenti e sulle nostre preferenze. La sicurezza cybernetica è altrettanto importante, in quanto queste tecnologie sono vulnerabili agli attacchi informatici. L'utilizzo della AR e della VR potrebbe condurre a una dipendenza eccessiva da queste tecnologie, minando le relazioni interpersonali e il senso di realtà. Inoltre, la disuguaglianza nell'accesso a queste tecnologie potrebbe accentuare il divario digitale, escludendo dalla partecipazione alle nuove opportunità le persone meno abbienti o che vivono in zone remote.

Verso un Futuro Responsabile: È fondamentale approcciare lo sviluppo e l'utilizzo della AR e della VR con un approccio etico e responsabile. La creazione di un quadro legale che protegga la privacy, che garantisca la sicurezza cybernetica e che regolamenti l'utilizzo di queste tecnologie è cruciale per assicurarsi che siano utilizzate in modo benefico per l'umanità. Inoltre, è necessario investire nell'educazione digitale e nella formazione per preparare la società ai cambiamenti che queste tecnologie stanno portando e per garantire un accesso equo a tutti. La realtà aumentata e virtuale rappresentano un ponte tra il mondo reale e il mondo digitale, offrendo enormi opportunità di innovazione e di sviluppo. È fondamentale approfittare di queste opportunità in modo responsabile, tenendo sempre a mente le sfide etiche e sociali che queste tecnologie presentano, per costruire un futuro in cui la realtà aumentata e virtuale siano strumenti di progresso e di benessere per l'umanità.

L'energia solare e le batterie: lo sviluppo delle tecnologie solari e delle batterie; le implicazioni per la transizione energetica; le sfide per la produzione e lo stoccaggio dell'energia.

SCALETTA

Introduzione:

- Definire l'energia solare come fonte di energia rinnovabile e pulita, che sfrutta l'energia del sole per produrre elettricità.
- Spiegare il ruolo chiave delle batterie nello stoccaggio dell'energia solare, rendendola disponibile anche quando il sole non splende.
- Presentare gli aspetti che saranno analizzati: sviluppo tecnologico, implicazioni per la transizione energetica, sfide per la produzione e lo stoccaggio.

Lo sviluppo delle tecnologie solari e delle batterie:

- Descrivere le diverse tecnologie solari: pannelli fotovoltaici, energia termica solare, sistemi di concentrazione solare.
- Analizzare l'evoluzione delle tecnologie delle batterie: batterie al piombo-acido, batterie al litio, batterie a flusso, batterie a idrogeno.
- Evidenziare i progressi significativi realizzati in termini di efficienza, costo e capacità di stoccaggio di entrambe le tecnologie.

Le implicazioni per la transizione energetica:

- Spiegare l'importanza dell'energia solare e delle batterie per la transizione energetica verso fonti rinnovabili.
- Discutere i vantaggi dell'utilizzo dell'energia solare e delle batterie: sostenibilità ambientale, riduzione delle emissioni di gas serra, indipendenza energetica, creazione di nuovi posti di lavoro.
- Analizzare il ruolo delle politiche energetiche nella promozione dell'utilizzo di queste tecnologie.

Le sfide per la produzione e lo stoccaggio dell'energia:

- Evidenziare le sfide legate alla produzione di energia solare: l'intermittenza della fonte (il sole non splende sempre), la necessità di spazi ampi per l'installazione dei pannelli solari, la gestione dell'impatto visivo e ambientale delle infrastrutture.
- Discutere le sfide legate allo stoccaggio dell'energia solare: la necessità di sviluppare batterie con maggiore capacità di stoccaggio, più durevoli e meno costose, la gestione del ciclo di vita delle batterie.

- Riflettere sull'importanza di investire in ricerca e innovazione per superare queste sfide e rendere l'energia solare più affidabile e competitiva.

Conclusione:

- Riassegnare i punti chiave affrontati nella trattazione.
- Sottolineare l'importanza dell'energia solare e delle batterie per costruire un futuro energetico più sostenibile.
- Invitare a un impegno collettivo da parte di governi, imprese e cittadini per promuovere lo sviluppo di queste tecnologie e per affrontare le sfide legate alla produzione e allo stoccaggio dell'energia.

SVILUPPO TRACCIA

L'Energia Solare e le Batterie: Un Binomio per un Futuro Energetico Sostenibile

La crisi energetica globale e l'urgenza di combattere i cambiamenti climatici hanno spinto l'umanità a cercare nuove fonti di energia sostenibile e pulita. Tra le soluzioni più promettenti si distinguono l'energia solare e le batterie, che insieme possono rivoluzionare il modo in cui produciamo e consumiamo energia.

L'Energia Solare: Un Raggio di Speranza: L'energia solare è un'energia rinnovabile e pulita che sfrutta la potenza del sole per generare elettricità. La tecnologia solare si è evoluta rapidamente negli ultimi anni, con pannelli fotovoltaici sempre più efficienti e meno costosi. L'energia solare è disponibile in abbondanza e può essere utilizzata in diversi contesti, dai tetti delle case alle grandi centrali elettriche. Tuttavia, l'energia solare presenta sfide legate alla sua intermittenza, in quanto il sole non splende sempre. La necessità di sistemi di stoccaggio dell'energia è quindi fondamentale per garantire un'erogazione costante di energia solare.

Le Batterie: Un Deposito di Energia: Le batterie giocano un ruolo essenziale nel sistema energetico del futuro, permettendo di accumulare l'energia solare prodotta durante il giorno e di renderla disponibile anche quando il sole non splende. Negli ultimi anni, la tecnologia delle batterie ha fatto grandi passi in avanti, con lo sviluppo di batterie al litio sempre più efficienti e meno costose. Le batterie possono essere utilizzate in diversi contesti, dai sistemi di stoccaggio domestici alle reti elettriche di grandi dimensioni, permettendo di integrare le fonti di energia rinnovabile come l'energia solare e di garantire un'erogazione costante di energia.

Sfide e Opportunità: Nonostante i progressi realizzati, l'energia solare e le batterie presentano ancora sfide da affrontare. La produzione di energia solare è influenzata dalle condizioni meteo, rendendo necessario sviluppare sistemi di stoccaggio efficienti e affidabili. Le batterie, sebbene siano in costante evoluzione, hanno ancora un ciclo di vita limitato e richiedono un processo di riciclo attento. Inoltre, la produzione di batteria può comportare l'utilizzo di materiali rari e costosi, rendendo necessario sviluppare soluzioni più sostenibili e a basso impatto ambientale.

Un Futuro Energetico Sostenibile: L'energia solare e le batteria rappresentano un binomio fondamentale per costruire un futuro energetico più sostenibile. Investire in ricerca e innovazione per migliorare l'efficienza delle tecnologie solari e per sviluppare batterie più performanti e sostenibili è cruciale per superare le sfide attuali. Le politiche energetiche degli Stati devono favorire la diffusione di queste tecnologie attraverso incentivi economici, programmi di investimento e regolamenti che promuovano la sostenibilità energetica. La transizione verso un futuro energetico pulito e sostenibile è un processo complesso, che richiede un impegno collettivo da parte di governi, imprese e cittadini. Solo attraverso un approccio integrato e innovativo potremo realizzare un sistema energetico che sia in grado di soddisfare le necessità energetiche del pianeta in modo sostenibile e senza danneggiare l'ambiente.

Società e Cultura

Crisi climatica e sostenibilità: il riscaldamento globale e le sue conseguenze; l'impegno per la riduzione delle emissioni; le nuove tecnologie per la sostenibilità; l'impatto sulle società e le economie; il ruolo delle politiche e delle azioni individuali.

SCALETTA

Introduzione:

- Definire la crisi climatica e il riscaldamento globale, spiegando le cause principali e l'evidenza scientifica.
- Sottolineare l'urgenza del problema e le sue conseguenze globali su ambiente, società ed economie.
- Presentare i diversi aspetti della crisi climatica che saranno analizzati: conseguenze, impegno per la riduzione delle emissioni, tecnologie per la sostenibilità, impatto sulle società e le economie, ruolo delle politiche e delle azioni individuali.

Il riscaldamento globale e le sue conseguenze:

- Spiegare il fenomeno del riscaldamento globale e le sue cause principali, come le emissioni di gas serra derivanti da attività umane.
- Illustrare le conseguenze del riscaldamento globale: aumento del livello del mare, eventi meteorologici estremi, siccità, inondazioni, perdita di biodiversità.
- Evidenziare l'impatto del cambiamento climatico su diverse aree del mondo, con esempi concreti.

L'impegno per la riduzione delle emissioni:

- Discutere gli accordi internazionali sul clima, come l'Accordo di Parigi, e gli obiettivi di riduzione delle emissioni.
- Analizzare le strategie per la riduzione delle emissioni: energie rinnovabili, efficienza energetica, mobilità sostenibile, tecnologie di cattura del carbonio.
- Sottolineare il ruolo di governi, aziende e individui nella riduzione delle emissioni di gas serra.

Le nuove tecnologie per la sostenibilità:

- Illustrare le nuove tecnologie che contribuiscono alla sostenibilità ambientale: energie rinnovabili, batterie a lunga durata, agricoltura sostenibile, sistemi di gestione delle risorse idriche.
- Spiegare il ruolo dell'innovazione tecnologica nel contrastare il cambiamento climatico e nell'adattare le società ai nuovi scenari ambientali.
- Discutere le sfide e le opportunità per lo sviluppo di tecnologie sostenibili.

L'impatto sulle società e le economie:

- Analizzare le conseguenze socioeconomiche del cambiamento climatico: migrazioni climatiche, conflitti per le risorse, impatti sulla sicurezza alimentare e sull'economia globale.
- Evidenziare le opportunità di sviluppo di nuove industrie e modelli economici sostenibili, con esempi concreti.
- Discutere l'importanza di una transizione verso un'economia verde e sostenibile.

Il ruolo delle politiche e delle azioni individuali:

- Analizzare le politiche pubbliche per la lotta al cambiamento climatico: incentivi per le energie rinnovabili, tasse sul carbonio, politiche di efficienza energetica.
- Discutere il ruolo delle aziende nel promuovere la sostenibilità: riduzione dell'impronta di carbonio, sviluppo di prodotti sostenibili, investimento in tecnologie verdi.
- Sottolineare l'importanza delle azioni individuali per la sostenibilità: consumo consapevole, mobilità sostenibile, riduzione degli sprechi, scelte ecologiche.

Conclusione:

- Riassegnare i principali punti affrontati nella trattazione.
- Sottolineare l'urgenza di affrontare la crisi climatica con azioni concrete e coordinate a livello globale.
- Invitare a un cambiamento di mentalità e a un impegno personale per la sostenibilità ambientale.

SVILUPPO TRACCIA

La Crisi Climatica: Una Sfida Globale per un Futuro Sostenibile

Il cambiamento climatico è una realtà innegabile, un fenomeno che sta modificando il nostro pianeta a un ritmo allarmante e con conseguenze sempre più visibili. Il riscaldamento globale, causato dalle emissioni di gas serra derivanti dalle attività umane, sta innescando una serie di effetti devastanti che minacciano la vita sul nostro pianeta e il futuro delle nostre società.

Un pianeta in trasformazione: Il riscaldamento globale ha già portato a un aumento del livello del mare, a eventi meteorologici estremi più frequenti e intensi, come tempeste, inondazioni, siccità e ondate di calore, a un'alterazione dei cicli stagionali e a una perdita di biodiversità. Questi cambiamenti hanno un impatto devastante su ecosistemi, agricoltura, risorse idriche e sulla vita delle popolazioni in tutto il mondo.

La necessità di agire: L'urgenza di affrontare la crisi climatica è evidente. La comunità internazionale, attraverso accordi come l'Accordo di Parigi, si è impegnata a ridurre le emissioni di gas serra e a limitare l'aumento della temperatura globale a un livello inferiore a 2 gradi Celsius rispetto ai livelli preindustriali. La sfida è enorme, ma le soluzioni esistono: lo sviluppo di energie rinnovabili, come solare ed eolica, l'aumento dell'efficienza energetica negli edifici e nei trasporti, la promozione di sistemi di mobilità sostenibile e l'adozione di tecnologie per catturare il carbonio dall'atmosfera.

Innovazione tecnologica per un futuro verde: Le nuove tecnologie svolgono un ruolo fondamentale nella lotta al cambiamento climatico. L'innovazione nel campo dell'energia solare e eolica, delle batterie a lunga durata e delle tecnologie di cattura del carbonio offre nuove opportunità per ridurre le emissioni e sviluppare un futuro più sostenibile. L'agricoltura sostenibile, con tecniche di coltivazione che preservano la biodiversità e le risorse idriche, è un'altra frontiera importante per mitigare il cambiamento climatico.

Impatti sulle società e le economie: Il cambiamento climatico ha già un impatto significativo sulle società e sulle economie globali. Le migrazioni climatiche, indotte da eventi estremi e da scarsità di risorse, sono in aumento. I conflitti per l'accesso all'acqua e alle risorse naturali si intensificano. L'agricoltura e la pesca sono sempre più vulnerabili alle variazioni climatiche, con conseguenze negative per la sicurezza alimentare. La crisi climatica rappresenta una minaccia per la stabilità economica globale e per la sicurezza delle nazioni.

Il ruolo delle politiche e delle azioni individuali: La lotta al cambiamento climatico richiede un'azione coordinata a livello globale, con politiche pubbliche efficaci e un impegno concreto da parte di governi, aziende e individui. Incentivi per le energie rinnovabili, tasse sul carbonio, politiche di efficienza energetica e investimenti in tecnologie verdi sono misure essenziali per la transizione verso un'economia sostenibile. Le aziende devono assumere un ruolo chiave nel ridurre l'impronta di carbonio, sviluppare prodotti ecocompatibili e investire in tecnologie verdi. Anche le azioni individuali sono cruciali: consumo consapevole, scelte di mobilità sostenibile, riduzione degli sprechi e adozione di stili di vita ecologici possono contribuire a mitigare l'impatto ambientale.

Un futuro sostenibile: La crisi climatica è una sfida complessa e urgente, ma non è un'occasione perduta. Con una forte volontà politica, un'innovazione tecnologica responsabile e un impegno comune da parte di governi, aziende e cittadini, possiamo costruire un futuro più sostenibile, resiliente e equo per le generazioni future.

Disuguaglianze sociali: la crescente disparità di reddito e di opportunità; l'impatto sulla società e sull'economia; il ruolo del welfare state e delle politiche sociali; la lotta alla povertà e all'esclusione sociale.

SCALETTA

Introduzione:

- Definire il concetto di disuguaglianza sociale, spiegando le diverse forme di disparità (reddito, opportunità, accesso ai servizi, potere).
- Sottolineare la crescente preoccupazione per la crescente disuguaglianza sociale in molti paesi del mondo.
- Presentare gli aspetti che saranno analizzati: disparità di reddito e opportunità, impatto sociale ed economico, ruolo del welfare state e delle politiche sociali, lotta alla povertà e all'esclusione sociale.

La crescente disparità di reddito e di opportunità:

- Illustrare la crescente disparità di reddito a livello globale e nazionale, con dati e esempi concreti.
- Spiegare come la disparità di reddito si traduce in una disparità di opportunità in diversi ambiti: accesso all'istruzione, alla sanità, al lavoro, all'abitazione.
- Analizzare le cause della crescente disuguaglianza: globalizzazione, tecnologia, politiche economiche, concentrazione della ricchezza.

L'impatto sulla società e sull'economia:

- Discutere le conseguenze sociali della disuguaglianza: aumento della povertà, esclusione sociale, conflitti sociali, instabilità politica.
- Analizzare gli effetti economici della disuguaglianza: rallentamento della crescita economica, inefficienza del mercato, riduzione del consumo, aumento della criminalità.
- Evidenziare come la disuguaglianza impatta negativamente sulla coesione sociale e sul benessere collettivo.

Il ruolo del welfare state e delle politiche sociali:

- Spiegare il ruolo del welfare state nella riduzione della disuguaglianza: fornire servizi sociali, assistenza sanitaria, istruzione gratuita, protezione sociale.
- Analizzare le diverse politiche sociali che possono contribuire a ridurre la disuguaglianza: politiche del lavoro, politiche fiscali, politiche di sostegno al reddito, politiche per l'inclusione sociale.
- Discutere i limiti e le sfide del welfare state nell'era della globalizzazione e della crisi economica.

La lotta alla povertà e all'esclusione sociale:

- Definire la povertà e l'esclusione sociale e le loro diverse dimensioni.
- Discutere le strategie per combattere la povertà e l'esclusione sociale: politiche di inserimento lavorativo, politiche di housing, programmi di assistenza alimentare.
- Sottolineare l'importanza di un approccio integrato alla lotta alla povertà e all'esclusione sociale, che coinvolga diversi attori (stato, società civile, imprese).

Conclusione:

- Riassegnare i principali punti affrontati nella trattazione.
- Sottolineare l'importanza di un'azione politica e sociale coordinata per ridurre la disuguaglianza sociale e promuovere un'economia più giusta e inclusiva.
- Invitare a un impegno personale per la lotta alla povertà e all'esclusione sociale, attraverso il volontariato, il sostegno alle organizzazioni non profit, la promozione di politiche sociali più inclusive.

SVILUPPO TRACCIA

Disuguaglianze Sociali: Una Minaccia al Benessere Collettivo

La disuguaglianza sociale, un fenomeno sempre più evidente in molti paesi del mondo, rappresenta una seria minaccia al benessere collettivo, minando la coesione sociale, il progresso economico e la stabilità politica. La crescente disparità di reddito e di opportunità sta creando una società sempre più divisa, dove un ristretto gruppo di persone detiene una quota sproporzionata di ricchezza e di potere, mentre altri lottano per sopravvivere in condizioni di povertà e di esclusione sociale.

Un divario crescente: La disparità di reddito è in costante aumento a livello globale. Un piccolo gruppo di persone, il 1%, possiede una quota sproporzionata di ricchezza, mentre milioni di persone vivono in condizioni di povertà. Questa disparità non si limita al reddito, ma si estende a diverse opportunità: accesso all'istruzione, alla sanità, al lavoro, all'abitazione e alla partecipazione politica. Le persone che vivono in condizioni di povertà hanno meno accesso a servizi essenziali, a opportunità di lavoro e a un'istruzione di qualità, perpetrando un circolo vizioso di disuguaglianza.

Un impatto devastante: La disuguaglianza sociale ha conseguenze devastanti sulla società e sull'economia. La povertà e l'esclusione sociale generano instabilità sociale, conflitti e violenza. Il divario tra ricchi e poveri crea tensioni e sfiducia, minando la coesione sociale e l'armonia all'interno delle comunità. L'economia risente anch'essa della disuguaglianza: la crescita economica rallenta, il consumo si riduce e aumenta il rischio di instabilità finanziaria. Una società divisa e ingiusta non può prosperare e raggiungere il suo pieno potenziale.

Il ruolo cruciale del welfare state: Il welfare state, attraverso la fornitura di servizi sociali, assistenza sanitaria, istruzione gratuita e protezione sociale, svolge un ruolo fondamentale nella riduzione della disuguaglianza sociale. Politiche del lavoro che promuovono l'occupazione e la sicurezza lavorativa, politiche fiscali che ridistribuiscono il reddito e politiche di sostegno al reddito per le persone in difficoltà sono strumenti essenziali per contrastare la povertà e l'esclusione sociale. Tuttavia, il welfare state è spesso messo sotto pressione da crisi economiche, da un'economia globalizzata e da un'ideologia neoliberista che punta a ridurre il ruolo dello stato nell'economia.

Lotta alla povertà e all'esclusione: La lotta alla povertà e all'esclusione sociale richiede un'azione coordinata da parte di diversi attori: stato, società civile e imprese. Le politiche di inserimento lavorativo, la promozione di programmi di formazione professionale, i programmi di assistenza alimentare e l'accesso all'abitazione sono misure essenziali per combattere la povertà e migliorare le condizioni di vita delle persone in difficoltà. La società civile, attraverso il volontariato e il sostegno alle organizzazioni non profit, svolge un ruolo fondamentale nel fornire assistenza diretta e supporto alle persone in difficoltà, promuovendo l'inclusione sociale e la solidarietà.

Un impegno per un futuro più equo: La disuguaglianza sociale è un problema complesso che richiede una soluzione multiforme. È necessario un impegno politico forte per la creazione di politiche sociali efficaci, che promuovano la giustizia sociale, la redistribuzione della ricchezza e l'accesso equo alle opportunità. La società civile e le imprese hanno un ruolo chiave da svolgere, promuovendo l'inclusione sociale, il volontariato e il sostegno alle persone in difficoltà. La lotta alla disuguaglianza sociale è una sfida per tutti, una sfida che riguarda il nostro futuro collettivo.

Migrazioni e integrazione: il fenomeno migratorio globale e le sue cause; l'impatto sulle società di accoglienza; le politiche di integrazione; il ruolo della cultura e dell'identità; il dibattito sui diritti umani e sulla xenofobia.

SCALETTA

Introduzione:

- Definire il fenomeno migratorio globale e la sua crescente importanza nel mondo contemporaneo.
- Evidenziare la complessità del tema, che coinvolge aspetti economici, sociali, culturali e politici.
- Presentare gli aspetti che saranno analizzati: cause della migrazione, impatto sulle società di accoglienza, politiche di integrazione, ruolo della cultura e dell'identità, dibattito sui diritti umani e sulla xenofobia.

Il fenomeno migratorio globale e le sue cause:

- Spiegare le cause principali della migrazione: conflitti e persecuzioni, povertà e disoccupazione, cambiamenti climatici, ricerca di migliori opportunità di vita.
- Analizzare i diversi flussi migratori globali, con esempi concreti di paesi di origine e di destinazione.
- Discutere le dinamiche del fenomeno migratorio, come i fattori di attrazione e di repulsione, i canali migratori, le reti migratorie.

L'impatto sulle società di accoglienza:

- Discutere l'impatto socioeconomico delle migrazioni sulle società di accoglienza: mercato del lavoro, servizi sociali, pressione sulle risorse, diversificazione culturale.
- Analizzare gli aspetti positivi delle migrazioni: crescita economica, innovazione, arricchimento culturale.
- Evidenziare i possibili conflitti e tensioni derivanti dalle migrazioni: competizione per le risorse, xenofobia, paura del diverso.

Le politiche di integrazione:

- Descrivere le diverse politiche di integrazione adottate dai paesi di destinazione: programmi di accoglienza, corsi di lingua, assistenza sociale, supporto all'inserimento lavorativo.
- Analizzare l'efficacia delle politiche di integrazione e i fattori che contribuiscono al successo o al fallimento dell'integrazione.

- Discutere il ruolo dello Stato, delle organizzazioni non governative e delle comunità locali nell'integrazione dei migranti.

Il ruolo della cultura e dell'identità:

- Spiegare come la cultura e l'identità influenzano l'esperienza migratoria: conservazione della cultura d'origine, adattamento alla nuova cultura, ibridazione culturale, costruzione di nuove identità.
- Analizzare il ruolo della cultura nell'integrazione: inclusione sociale, coesione sociale, rispetto della diversità, dialogo interculturale.
- Discutere la complessità dell'identità dei migranti, tra la loro cultura d'origine e la nuova cultura di accoglienza.

Il dibattito sui diritti umani e sulla xenofobia:

- Evidenziare i diritti umani dei migranti: diritto alla sicurezza, all'asilo, alla protezione, all'accesso ai servizi, al lavoro, all'istruzione.
- Discutere il fenomeno della xenofobia e i suoi effetti negativi: discriminazione, razzismo, violenza, paura del diverso.
- Sottolineare l'importanza di promuovere una cultura di accoglienza, di rispetto della diversità e di tutela dei diritti umani dei migranti.

Conclusione:

- Riassegnare i principali punti affrontati nella trattazione.
- Sottolineare la necessità di un approccio globale e multilaterale alle migrazioni, che tenga conto dei diritti umani, della giustizia sociale e della collaborazione internazionale.
- Invitare a un impegno personale per la promozione di una società multiculturale e inclusiva, che riconosca il valore della diversità e promuova il dialogo e la comprensione reciproca.

SVILUPPO TRACCIA

Migrazioni e Integrazione: Un Mondo in Movimento, Tra Sfide e Opportunità

Il fenomeno migratorio globale è una realtà in costante evoluzione, plasmando il volto delle nostre società e ponendo sfide e opportunità sia ai paesi di origine che a quelli di destinazione. L'aumento dei flussi migratori, alimentato da conflitti, povertà, cambiamenti climatici e ricerca di opportunità, crea un mondo in movimento, dove culture e identità si incontrano e si intrecciano.

Un mondo in movimento: Le cause della migrazione sono molteplici e complesse. Conflitti armati, persecuzioni politiche e religiose, povertà e disoccupazione, cambiamenti climatici e disastri naturali spingono milioni di persone a lasciare le loro case e cercare un futuro migliore altrove. Le migrazioni, tuttavia, non sono solo un fenomeno di fuga, ma anche un motore di crescita economica e di arricchimento culturale. I migranti portano con sé competenze, idee e dinamismo, contribuendo allo sviluppo economico e alla diversificazione culturale dei paesi di accoglienza.

Impatto sulle società di accoglienza: Le migrazioni hanno un impatto significativo sulle società di accoglienza, con conseguenze sia positive che negative. Da un lato, i migranti contribuiscono alla crescita economica, soprattutto in settori come l'agricoltura, l'industria e i servizi. L'immigrazione porta nuove idee, culture e tradizioni, arricchendo la vita sociale e culturale delle comunità. Dall'altro lato, l'immigrazione può creare tensioni sociali, soprattutto quando si percepisce una competizione per le risorse, il lavoro e i servizi sociali. La paura del diverso, la xenofobia e il razzismo possono alimentare conflitti e discriminazione.

Integrazione: un percorso complesso: L'integrazione dei migranti è un processo complesso che richiede un impegno da parte di tutti gli attori coinvolti: lo Stato, le organizzazioni non governative, le comunità locali e i migranti stessi. Le politiche di integrazione efficaci devono comprendere programmi di accoglienza, corsi di lingua, assistenza sociale, supporto all'inserimento lavorativo e la promozione del dialogo interculturale. L'integrazione richiede non solo l'adattamento dei migranti alla nuova cultura, ma anche la capacità della società di accoglienza di aprirsi alla diversità e di costruire un ambiente inclusivo.

Cultura e identità: un ponte tra mondi: La cultura e l'identità giocano un ruolo fondamentale nell'esperienza migratoria. I migranti portano con sé la loro cultura d'origine, con le sue tradizioni, valori e credenze. L'adattamento alla nuova cultura è un processo di apprendimento e di scoperta, che può portare alla conservazione della cultura d'origine, all'ibridazione culturale o alla costruzione di nuove identità. La diversità culturale è una ricchezza che può arricchire le società di accoglienza, promuovendo il dialogo interculturale, il rispetto delle differenze e la coesione sociale.

Diritti umani e xenofobia: una sfida etica: I migranti hanno diritto alla sicurezza, all'asilo, alla protezione, all'accesso ai servizi, al lavoro e all'istruzione, come sancito dalla Dichiarazione Universale dei Diritti Umani. La xenofobia, la paura del diverso, è una minaccia ai diritti umani dei migranti e un ostacolo all'integrazione. È fondamentale combattere la xenofobia, promuovendo il rispetto della diversità e la comprensione reciproca, per costruire società più inclusive e giuste.

Un futuro condiviso: Le migrazioni sono un fenomeno globale che non può essere ignorato. Per costruire un futuro più equo e sostenibile, è necessario un impegno collettivo per promuovere la giustizia sociale, la protezione dei diritti umani dei migranti, la collaborazione internazionale e politiche di integrazione efficaci. L'accoglienza, il dialogo interculturale e il rispetto della diversità sono fondamentali per creare società più inclusive, coese e arricchite dalla ricchezza delle diverse culture.

Pandemie e salute globale: l'esperienza del COVID-19 e le sue conseguenze; la ricerca scientifica e la lotta alle malattie infettive; l'importanza della prevenzione e della vaccinazione; le sfide per la sicurezza sanitaria globale.

SCALETTA

Introduzione:

- Definire il concetto di pandemia e la sua crescente rilevanza nel mondo globalizzato.
- Sottolineare l'impatto delle pandemie sulla salute pubblica, sull'economia e sulla società.
- Presentare gli aspetti che saranno analizzati: esperienza del COVID-19, ricerca scientifica, prevenzione e vaccinazione, sfide per la sicurezza sanitaria globale.

L'esperienza del COVID-19 e le sue conseguenze:

- Descrivere l'insorgere della pandemia di COVID-19 e la sua diffusione globale.
- Analizzare l'impatto del COVID-19 sulla salute pubblica: numero di contagi, decessi, pressione sui sistemi sanitari.
- Esaminare le conseguenze socio-economiche della pandemia: lockdown, crisi economica, disoccupazione, chiusura di scuole e attività.
- Riflettere sulle lezioni imparate dalla pandemia e le sfide per il futuro.

Ricerca scientifica e lotta alle malattie infettive:

- Spiegare il ruolo fondamentale della ricerca scientifica nello sviluppo di nuovi farmaci, vaccini e tecnologie per la diagnosi e la cura delle malattie infettive.
- Illustrare i progressi scientifici nella lotta al COVID-19: sviluppo di vaccini, terapie antivirali, tecnologie di tracciamento dei contagi.
- Discutere l'importanza della collaborazione internazionale nella ricerca scientifica e nella lotta alle pandemie.

L'importanza della prevenzione e della vaccinazione:

- Evidenziare l'importanza della prevenzione delle malattie infettive: igiene personale, distanziamento sociale, utilizzo di mascherine.
- Discutere l'importanza della vaccinazione come strumento fondamentale per la prevenzione delle malattie e la protezione individuale e collettiva.
- Analizzare i benefici della vaccinazione: riduzione dei contagi, protezione da forme gravi della malattia, creazione di immunità di gregge.
- Discutere le sfide legate alla vaccinazione: esitazione vaccinale, diffusione di informazioni false, accesso ai vaccini.

Sfide per la sicurezza sanitaria globale:

- Esaminare le sfide per la sicurezza sanitaria globale in un mondo interconnesso: minaccia di nuove pandemie, resistenza agli antibiotici, diffusione di malattie infettive.
- Analizzare i fattori che contribuiscono alle sfide per la sicurezza sanitaria: mobilità globale, cambiamenti climatici, degrado ambientale, disuguaglianze sociali.
- Discutere il ruolo delle organizzazioni internazionali, come l'OMS, nella gestione delle emergenze sanitarie e nel rafforzamento dei sistemi sanitari globali.

Conclusione:

- Riassegnare i principali punti affrontati nella trattazione.
- Sottolineare la necessità di un impegno comune per affrontare le sfide della salute globale e di costruire un sistema sanitario più resiliente.
- Invitare a un'azione collettiva per la prevenzione delle malattie, la promozione della ricerca scientifica, il miglioramento dei sistemi sanitari e la diffusione di informazioni accurate.

SVILUPPO TRACCIA

Pandemie e Salute Globale: Un Mondo Interconnesso, Ma Fragile

Le pandemie rappresentano una minaccia globale, con un impatto devastante sulla salute pubblica, sull'economia e sulla società. L'esperienza del COVID-19 ha dimostrato la fragilità del nostro mondo interconnesso e l'urgenza di affrontare le sfide della salute globale con un approccio coordinato e responsabile.

L'ombra della pandemia: L'insorgere della pandemia di COVID-19 nel 2019 ha segnato un punto di svolta nella storia dell'umanità. Il virus, diffusosi rapidamente a livello globale, ha causato milioni di contagi e decessi, mettendo a dura prova i sistemi sanitari e provocando un'ondata di paura e incertezza. La pandemia ha avuto un impatto devastante sulle economie, portando a lockdown, crisi finanziarie, disoccupazione e un crollo delle attività economiche. Il COVID-19 ha anche avuto conseguenze significative sulla vita sociale, con l'isolamento, la chiusura delle scuole, la sospensione di eventi e la modifica dei comportamenti quotidiani.

Ricerca scientifica: una corsa contro il tempo: La pandemia ha dimostrato l'importanza cruciale della ricerca scientifica nel contrasto alle malattie infettive. La corsa allo sviluppo di vaccini, terapie antivirali e tecnologie di diagnosi e tracciamento è stata frenetica e ha portato a progressi straordinari, come la creazione di vaccini efficaci in tempi record. La collaborazione internazionale nella ricerca scientifica è stata fondamentale per accelerare la ricerca e condividere conoscenze.

Prevenzione e vaccinazione: gli strumenti chiave: La prevenzione delle malattie infettive e la vaccinazione sono strumenti essenziali per la protezione individuale e collettiva. I comportamenti di prevenzione, come l'igiene personale, il distanziamento sociale e l'utilizzo di mascherine, sono fondamentali per limitare la diffusione di virus e batteri. La vaccinazione è una delle armi più potenti per contrastare le pandemie, creando immunità di gregge e proteggendo le persone più vulnerabili. Nonostante l'efficacia dei vaccini, la diffusione di informazioni false e l'esitazione vaccinale rappresentano sfide importanti per la salute pubblica.

Sfide per un futuro sicuro: Il mondo è sempre più interconnesso, con viaggi frequenti e scambi commerciali che facilitano la diffusione di malattie infettive. La resistenza agli antibiotici, la comparsa di nuovi virus e i cambiamenti climatici, che favoriscono la diffusione di malattie infettive, rappresentano sfide importanti per la sicurezza sanitaria globale. Le disuguaglianze sociali, che limitano l'accesso ai servizi sanitari e alle cure, aggravano i rischi legati alle pandemie.

Un sistema sanitario globale più forte: Per affrontare le sfide della salute globale, è necessario un sistema sanitario internazionale più forte e coordinato. Il ruolo dell'Organizzazione Mondiale della Sanità (OMS) è fondamentale nella gestione delle emergenze sanitarie, nella condivisione di informazioni e nel rafforzamento dei sistemi sanitari nazionali. La collaborazione internazionale è essenziale per la ricerca scientifica, la produzione e la distribuzione di vaccini, la prevenzione delle malattie e la gestione delle pandemie.

Una responsabilità condivisa: La lotta alle pandemie è una responsabilità condivisa. Ogni individuo ha un ruolo da svolgere: adottando comportamenti di prevenzione, informandosi sulle malattie infettive e vaccinandosi. I governi devono investire in ricerca scientifica, in sistemi sanitari robusti e in politiche di prevenzione. Le aziende farmaceutiche hanno la responsabilità di sviluppare nuovi farmaci e vaccini accessibili a tutti. Solo attraverso un impegno collettivo possiamo costruire un mondo più resiliente e sicuro, in grado di affrontare le sfide della salute globale e di proteggere il benessere di tutti.

Identità e diversità: l'evoluzione del concetto di identità; il multiculturalismo e l'inclusione sociale; la lotta alle discriminazioni e alle ingiustizie; il ruolo dei movimenti sociali e della cultura.

SCALETTA

Introduzione:

- Definire il concetto di identità e la sua natura fluida e multiforme.
- Spiegare come l'identità è influenzata da fattori come genere, etnia, cultura, classe sociale, religione, orientamento sessuale.
- Sottolineare l'importanza della diversità e del riconoscimento delle differenze come arricchimento per la società.

L'evoluzione del concetto di identità:

- Descrivere l'evoluzione del concetto di identità nel tempo, passando da una visione statica e immutabile a una visione più fluida e dinamica.
- Analizzare il ruolo dei movimenti sociali e degli eventi storici nella ridefinizione dei concetti di identità: movimenti per i diritti civili, femminismo, movimenti LGBTQ+, movimenti indigeni.
- Discutere l'impatto della globalizzazione e delle nuove tecnologie sulla costruzione dell'identità: multiculturalismo, identità ibrida, identità online.

Multiculturalismo e inclusione sociale:

- Definire il multiculturalismo e le sue sfide: coesistenza di diverse culture, rispetto della diversità, gestione dei conflitti culturali.
- Spiegare il concetto di inclusione sociale e la sua importanza per una società giusta ed equa: accesso alle opportunità, partecipazione politica, uguaglianza di trattamento.
- Analizzare i fattori che contribuiscono all'inclusione sociale: politiche pubbliche, istruzione, lavoro, accesso ai servizi, dialogo interculturale.

Lotta alle discriminazioni e alle ingiustizie:

- Evidenziare le diverse forme di discriminazione e di ingiustizia sociale: razzismo, sessismo, omofobia, xenofobia, discriminazione di classe.
- Discutere le cause della discriminazione: pregiudizi, stereotipi, cultura dominante, potere, mancanza di consapevolezza.
- Analizzare le conseguenze della discriminazione: esclusione sociale, disuguaglianza, violenza, violazione dei diritti umani.

Il ruolo dei movimenti sociali e della cultura:

- Discutere il ruolo dei movimenti sociali nella lotta alle discriminazioni e alle ingiustizie: movimenti per i diritti civili, movimenti femministi, movimenti LGBTQ+, movimenti per l'ambiente.
- Spiegare come la cultura può contribuire alla lotta contro la discriminazione: arte, letteratura, musica, cinema, teatro, come strumenti di denuncia e di sensibilizzazione.
- Evidenziare il ruolo della cultura nel promuovere la diversità, il rispetto reciproco e la comprensione interculturale.

Conclusione:

- Riassegnare i principali punti affrontati nella trattazione.
- Sottolineare l'importanza di un impegno continuo per la lotta alle discriminazioni e alle ingiustizie.
- Invitare a un'azione collettiva per la costruzione di una società più giusta, inclusiva e rispettosa della diversità.

SVILUPPO TRACCIA

Identità e Diversità: Un Mosaico di Culture e Un'Urgenza di Inclusione

Viviamo in un mondo sempre più interconnesso, dove la diversità culturale è una realtà innegabile. Il concetto di identità, un tempo visto come un elemento statico e immutabile, si è evoluto in un mosaico complesso e dinamico, influenzato da una miriade di fattori e in continua trasformazione. La sfida, oggi, è quella di costruire una società che riconosca e valorizzi la diversità, contrastando discriminazioni e ingiustizie e promuovendo l'inclusione sociale.

L'identità in evoluzione: L'identità è un concetto fluido, che si costruisce e si trasforma nel corso della vita, influenzato da esperienze personali, fattori sociali, culturali e politici. Non è più possibile parlare di un'identità unica e definita, ma piuttosto di una molteplicità di identità, che si intrecciano e si sovrappongono. I movimenti sociali hanno contribuito a ridefinire il concetto di identità, sfidando le gerarchie e le discriminazioni basate su genere, etnia, religione, orientamento sessuale e classe sociale. Il femminismo, i movimenti per i diritti civili, i movimenti LGBTQ+ e i movimenti indigeni hanno contribuito a creare un'idea di identità più fluida e inclusiva.

Multiculturalismo e inclusione: La globalizzazione e l'interconnessione tra le culture hanno portato al multiculturalismo, una realtà che presenta sfide ma anche grandi opportunità. La coesistenza di diverse culture all'interno di una stessa società crea un arricchimento reciproco, ma richiede anche un impegno per il rispetto della diversità, il dialogo interculturale e la gestione dei conflitti culturali. L'inclusione sociale è essenziale per costruire una società giusta ed equa, dove tutti hanno pari opportunità di accesso all'istruzione, alla sanità, al lavoro e alla partecipazione politica.

Lotta alle discriminazioni: La discriminazione, basata su pregiudizi, stereotipi e stereotipi, mina la coesione sociale e impedisce alle persone di realizzare il loro pieno potenziale. Razzismo, sessismo, omofobia, xenofobia e discriminazione di classe sono forme di ingiustizia che portano a esclusione sociale, disuguaglianza e violenza. La lotta contro la discriminazione richiede un impegno costante per cambiare le mentalità, promuovere l'educazione all'inclusione e contrastare ogni forma di pregiudizio e discriminazione.

Il ruolo dei movimenti sociali e della cultura: I movimenti sociali svolgono un ruolo cruciale nella lotta alle discriminazioni e nella promozione dell'inclusione sociale. Attraverso la protesta, la sensibilizzazione e la pressione politica, i movimenti sociali contribuiscono a cambiare le mentalità, a far luce sulle ingiustizie e a promuovere una società più equa. La cultura, in tutte le sue forme, è uno strumento potente per la lotta contro la discriminazione. Arte, letteratura, musica, cinema e teatro possono essere utilizzati per denunciare le ingiustizie, per promuovere la diversità e per costruire ponti tra culture diverse.

Un futuro più inclusivo: La costruzione di una società più inclusiva e giusta richiede un impegno continuo da parte di tutti: governi, istituzioni, organizzazioni non governative e singoli cittadini. Le politiche pubbliche devono promuovere l'uguaglianza, l'accesso alle opportunità, la lotta alla discriminazione e la promozione del dialogo interculturale. La società civile, attraverso il volontariato e il sostegno alle organizzazioni che combattono la discriminazione, può contribuire a creare una società più equa e solidale. L'educazione alla diversità, al rispetto reciproco e alla comprensione interculturale è fondamentale per creare le basi per una società più inclusiva. La lotta contro la discriminazione è un percorso lungo e impegnativo, ma è una battaglia che vale la pena combattere per costruire un futuro più giusto e umano per tutti.

Il ruolo della famiglia: l'evoluzione dei modelli familiari; le sfide e le opportunità; la genitorialità e l'educazione dei figli; il dibattito sull'omogenitorialità; l'impatto sociale ed economico; il ruolo dello Stato e delle politiche familiari.

SCALETTA

Introduzione:

- Definire il concetto di famiglia e la sua importanza nella società.
- Sottolineare l'evoluzione dei modelli familiari nel tempo e l'influenza di fattori sociali, culturali ed economici.
- Presentare le sfide e le opportunità che le famiglie affrontano oggi e gli aspetti che saranno analizzati: evoluzione dei modelli familiari, genitorialità, omogenitorialità, impatto sociale ed economico, ruolo dello Stato.

L'evoluzione dei modelli familiari:

- Descrivere i modelli familiari tradizionali: famiglia nucleare, famiglia estesa, famiglia patriarcale.
- Analizzare i cambiamenti nei modelli familiari contemporanei: famiglie monoparentali, famiglie ricostituite, coppie di fatto, omogenitorialità.
- Discutere le cause di questi cambiamenti: emancipazione femminile, diritti LGBTQ+, secolarizzazione, individualismo, globalizzazione.

Sfide e opportunità:

- Analizzare le sfide che le famiglie affrontano oggi: equilibrio tra lavoro e famiglia, gestione del tempo, invecchiamento della popolazione, immigrazione, disuguaglianze sociali.
- Evidenziare le opportunità che le famiglie possono cogliere: supporto reciproco, educazione dei figli, sviluppo personale, appartenenza sociale, creazione di nuovi modelli di famiglia.

Genitorialità e educazione dei figli:

- Discutere le diverse sfide della genitorialità: educazione dei figli, gestione dei conflitti, comunicazione, responsabilità, benessere dei figli.
- Analizzare l'influenza dei social media e della tecnologia sulla crescita dei figli: uso di internet, giochi online, relazioni digitali.
- Evidenziare il ruolo della scuola e delle istituzioni nella formazione e nell'educazione dei figli.

Il dibattito sull'omogenitorialità:

- Spiegare il dibattito sull'omogenitorialità: diritti delle coppie dello stesso sesso, accesso all'adozione e alla procreazione assistita, legittimazione sociale.
- Analizzare gli argomenti a favore e contro l'omogenitorialità: diritti umani, benessere dei figli, pluralismo familiare.
- Discutere l'impatto dell'omogenitorialità sulla società e sulla cultura: ridefinizione del concetto di famiglia, accettazione della diversità, promozione dell'uguaglianza.

Impatto sociale ed economico:

- Analizzare l'impatto sociale delle diverse forme familiari sulla società: coesione sociale, solidarietà, integrazione, benessere.
- Discutere l'impatto economico delle famiglie: ruolo nel mercato del lavoro, consumo, investimenti, sviluppo economico.
- Evidenziare il legame tra famiglia e politiche economiche, come l'impatto delle politiche di welfare sulle famiglie.

Il ruolo dello Stato e delle politiche familiari:

- Spiegare il ruolo dello Stato nel sostenere le famiglie: politiche di welfare, congedi parentali, assistenza all'infanzia, politiche di conciliazione lavoro-famiglia.
- Analizzare le diverse politiche familiari: sussidi alle famiglie, agevolazioni fiscali, supporto all'adozione, servizi per l'infanzia e l'adolescenza.
- Discutere l'importanza di politiche familiari efficaci per il benessere delle famiglie e per la crescita economica e sociale.

Conclusione:

- Riassegnare i principali punti affrontati nella trattazione.
- Sottolineare la necessità di un'azione politica e sociale che riconosca la diversità dei modelli familiari e promuova il benessere e l'inclusione sociale di tutte le famiglie.
- Invitare a un dibattito aperto e riflessivo sul futuro della famiglia e sul ruolo dello Stato nel sostenere le famiglie.

SVILUPPO TRACCIA

La Famiglia: Un Mosaico di Modelli e un Terreno di Confronto

La famiglia, da sempre considerata il nucleo fondamentale della società, ha subito negli ultimi decenni una profonda trasformazione, divenendo un mosaico di modelli sempre più vari e complessi. La famiglia tradizionale, con la sua struttura patriarcale e il ruolo predefinito di padre, madre e figli, ha lasciato il posto a nuovi modelli che riflettono i cambiamenti sociali, culturali ed economici del nostro tempo.

L'evoluzione dei modelli familiari: L'emancipazione femminile, la crescente indipendenza delle donne e il loro accesso al mercato del lavoro hanno portato alla diffusione di famiglie monoparentali e di coppie di fatto, dove la responsabilità genitoriale non è più esclusivamente affidata a un uomo e una donna. L'affermazione dei diritti LGBTQ+ ha aperto la strada all'omogenitorialità, con coppie dello stesso sesso che hanno accesso all'adozione e alla procreazione assistita. La globalizzazione e le migrazioni hanno contribuito alla diffusione di famiglie multiculturale e intergenerazionali, con un'ampia varietà di tradizioni e valori.

Sfide e opportunità per le famiglie: Le famiglie contemporanee affrontano sfide importanti: il conciliare la vita lavorativa con la vita familiare, gestire i conflitti tra i membri della famiglia, affrontare la pressione dei social media e delle tecnologie sulla crescita dei figli, e trovare un equilibrio tra l'individualità e l'appartenenza familiare. Tuttavia, le famiglie hanno anche grandi opportunità: il sostegno reciproco tra i membri della famiglia, la possibilità di costruire relazioni più eque e rispettose, la libertà di scegliere modelli familiari più adatti alle proprie esigenze e la possibilità di creare un ambiente amorevole e supportivo per la crescita dei figli.

Genitorialità e educazione dei figli: La genitorialità è un compito complesso e sfidante. I genitori devono affrontare la crescita dei figli, l'educazione dei figli, la gestione dei conflitti familiari e la promozione del benessere dei figli. I social media e le tecnologie hanno un impatto significativo sulla crescita dei figli, con l'uso di internet, giochi online e relazioni digitali che hanno un ruolo sempre più importante nella vita dei ragazzi. La scuola e le istituzioni giocano un ruolo cruciale nella formazione e nell'educazione dei figli, offrendo strumenti e supporto per la loro crescita.

Omogenitorialità: un dibattito in evoluzione: L'omogenitorialità, con l'affermazione dei diritti delle coppie dello stesso sesso all'adozione e alla procreazione assistita, ha aperto un dibattito sociale e politico su la definizione di famiglia. Il dibattito si focalizza sui diritti umani delle coppie LGBTQ+, sul benessere dei figli cresciuti in famiglie omogenitoriali e sulla legittimazione sociale di nuovi modelli familiari. L'omogenitorialità rappresenta una sfida per la società contemporanea, che deve affrontare il cambiamento del concetto di famiglia e promuovere l'accettazione della diversità e l'uguaglianza di diritti per tutti.

Impatto sociale ed economico: Le diverse forme familiari hanno un impatto significativo sulla società e sull'economia. Le famiglie contribuiscono alla coesione sociale, alla solidarietà e all'integrazione, fornendo un ambiente affettivo e supportivo per i membri della famiglia. Le famiglie sono un motore importante per l'economia, contribuendo al mercato del lavoro, al consumo e agli investimenti. Le politiche economiche, come le politiche di welfare, hanno un impatto significativo sulle famiglie, influenzando il loro benessere e la loro capacità di crescere e di svilupparsi.

Il ruolo dello Stato e delle politiche familiari: Lo Stato ha un ruolo fondamentale nel sostenere le famiglie, attraverso politiche di welfare, congedi parentali, assistenza all'infanzia e politiche di conciliazione lavoro-famiglia. Le politiche familiari possono contribuire a ridurre la disuguaglianza sociale, a promuovere l'uguaglianza di genere, a supportare le famiglie in difficoltà e a favorire la crescita economica e sociale.

Un futuro in evoluzione: La famiglia è un istituzione in continua evoluzione, con nuovi modelli che emergono e con sfide e opportunità che si presentano costantemente. È necessario un impegno politico e sociale per riconoscere la diversità dei modelli familiari e per promuovere il benessere e l'inclusione sociale di tutte le famiglie. Un futuro più equo e giusto per tutti richiede un'azione coordinata che tenga conto delle diverse esigenze delle famiglie

L'educazione e il futuro del lavoro: le nuove sfide per l'educazione; l'importanza delle competenze digitali; la formazione continua e l'adattamento al mercato del lavoro; l'apprendimento lifelong e la trasformazione dei sistemi educativi; il ruolo delle università e delle scuole.

SCALETTA

Introduzione:

- Definire il legame tra educazione e mondo del lavoro, evidenziando come l'educazione fornisce le competenze e le conoscenze necessarie per inserirsi nel mercato del lavoro.
- Sottolineare il rapido cambiamento del mondo del lavoro a causa della digitalizzazione e della globalizzazione, che richiede nuove competenze e modelli di apprendimento.
- Presentare le sfide e le opportunità per l'educazione e i diversi aspetti che saranno analizzati: nuove sfide, competenze digitali, formazione continua, lifelong learning, trasformazione dei sistemi educativi, ruolo delle università e delle scuole.

Le nuove sfide per l'educazione:

- Spiegare come l'automazione, la robotica e l'intelligenza artificiale stanno trasformando il mondo del lavoro, rendendo obsolete alcune professioni e creando nuove esigenze.
- Analizzare le nuove competenze richieste: competenze digitali, capacità di problem solving, creatività, collaborazione, comunicazione, pensiero critico.
- Evidenziare la necessità di un sistema educativo che sia in grado di adattarsi ai rapidi cambiamenti del mondo del lavoro.

L'importanza delle competenze digitali:

- Spiegare come le competenze digitali sono diventate essenziali per il successo nel lavoro e nella vita quotidiana.
- Discutere le diverse competenze digitali necessarie: utilizzo dei software, comunicazione online, gestione dei dati, sicurezza informatica, pensiero computazionale.
- Evidenziare il ruolo delle scuole e delle università nell'insegnare le competenze digitali fin dalla giovane età.

La formazione continua e l'adattamento al mercato del lavoro:

- Spiegare l'importanza della formazione continua per adattarsi ai cambiamenti del mondo del lavoro.
- Analizzare i diversi modelli di formazione continua: corsi online, corsi in aula, programmi di apprendistato, corsi di riqualificazione.

- Discutere il ruolo delle aziende e delle istituzioni nella promozione della formazione continua.

L'apprendimento lifelong e la trasformazione dei sistemi educativi:

- Definire l'apprendimento lifelong e la sua importanza in un mondo in continua evoluzione.
- Analizzare come i sistemi educativi devono trasformarsi per rispondere alle nuove esigenze: flexible learning, approcci individualizzati, apprendimento basato su progetti, apprendimento esperienziale.
- Discutere il ruolo della tecnologia nell'apprendimento lifelong: MOOC, piattaforme di apprendimento online, corsi virtuali.

Il ruolo delle università e delle scuole:

- Evidenziare il ruolo delle università nell'innovazione, nella ricerca e nella formazione di professionisti qualificati.
- Spiegare il ruolo delle scuole nell'educazione di base e nello sviluppo delle competenze di base.
- Discutere la collaborazione tra università, scuole, aziende e istituzioni nel promuovere l'apprendimento lifelong.

Conclusione:

- Riassegnare i principali punti affrontati nella trattazione.
- Sottolineare l'importanza di un sistema educativo che sia flessibile, adattabile e che promuova l'apprendimento continuo.
- Invitare a un impegno collettivo per la formazione, la riqualificazione e l'adattamento al mondo del lavoro del futuro.

SVILUPPO TRACCIA

L'Educazione per un Futuro in Trasformazione: Nuove Competenze per un Mondo in Movimento

Il mondo del lavoro sta subendo una trasformazione senza precedenti. L'automazione, la digitalizzazione e la globalizzazione stanno ridefinendo le professioni, le competenze richieste e le modalità di lavoro, creando nuove sfide per il sistema educativo. L'educazione, tradizionalmente focalizzata sulla trasmissione di conoscenze e sulle abilità specifiche per un determinato lavoro, deve adattarsi rapidamente a queste nuove esigenze, preparando gli studenti per un futuro del lavoro in continua evoluzione.

Competenze per il futuro: Il mondo del lavoro digitale richiede nuove competenze, che vanno oltre le conoscenze tradizionali. Le competenze digitali, come l'utilizzo di software, la comunicazione online, la gestione dei dati e la sicurezza informatica, sono divenute essenziali in tutti i settori lavorativi. Ma sono altrettanto importanti le competenze trasversali, come la creatività, la capacità di problem solving, la collaborazione, la comunicazione efficace e il pensiero critico, che consentiranno ai lavoratori di adattarsi ai cambiamenti e di risolvere problemi complessi.

L'apprendimento continuo: un imperativo: L'educazione non può più essere considerata un processo che si conclude con il diploma di laurea. L'apprendimento continuo è divenuto un imperativo, necessario per restare al passo con i rapidi cambiamenti del mondo del lavoro. I lavoratori di oggi dovranno affrontare più cambi di carriera nel corso della loro vita professionale, riqualificandosi e acquisendo nuove competenze. Le aziende e le istituzioni hanno un ruolo fondamentale nell'offrire programmi di formazione continua e di riqualificazione, per aiutare i lavoratori ad acquisire le competenze necessarie per il futuro.

Un sistema educativo in trasformazione: I sistemi educativi devono adattarsi alle nuove esigenze, offrendo percorsi di apprendimento flessibili e personalizzati, basati sull'esperienza, sull'interazione e sulla collaborazione. Il lifelong learning, cioè l'apprendimento che dura tutta la vita, è il nuovo modello di educazione che si sta affermando. La tecnologia offre nuove opportunità di apprendimento online, con MOOC (Massive Open Online Courses), piattaforme di apprendimento virtuale e corsi interattivi.

Il ruolo delle università e delle scuole: Le università hanno un ruolo fondamentale nella ricerca, nell'innovazione e nella formazione di professionisti qualificati. Le scuole sono responsabili di fornire un'educazione di base di qualità, sviluppando le competenze di base e la curiosità intellettuale nei bambini e nei ragazzi. La collaborazione tra università, scuole, aziende e istituzioni è cruciale per promuovere l'apprendimento lifelong, per sviluppare programmi di formazione continua e per colmare il divario tra l'educazione e il mondo del lavoro.

Un impegno collettivo: La trasformazione del mondo del lavoro è una sfida che richiede un impegno collettivo. I governi devono investire nell'istruzione e nella formazione, promuovendo l'apprendimento continuo e l'adattamento al mercato del lavoro. Le aziende devono investire nella formazione dei loro lavoratori e adottare modelli di lavoro più flessibili e adatti al mondo digitale. La società deve incoraggiare l'apprendimento continuo, la curiosità intellettuale e la capacità di adattarsi ai cambiamenti. Un futuro positivo per il mondo del lavoro richiede un sistema educativo che sia in grado di preparare le persone alle sfide del futuro, promuovendo l'innovazione, la creatività, la flessibilità e l'apprendimento continuo.

Salute mentale e benessere: il crescente problema dei disturbi mentali; l'impatto dello stress e della pressione sociale; le sfide per la diagnosi e la cura; il ruolo della prevenzione e del sostegno psicologico; la promozione di uno stile di vita sano.

SCALETTA

Introduzione:

- Definire il concetto di salute mentale e sottolineare la sua importanza per il benessere generale dell'individuo.
- Presentare il problema crescente dei disturbi mentali e la necessità di affrontare questa sfida in modo completo.
- Evidenziare gli aspetti che saranno analizzati: crescente problema dei disturbi mentali, impatto dello stress, sfide per la diagnosi e la cura, prevenzione e sostegno psicologico, promozione di uno stile di vita sano.

Il crescente problema dei disturbi mentali:

- Spiegare la crescente diffusione dei disturbi mentali, come ansia, depressione, disturbi da stress post-traumatico, disturbi del comportamento alimentare.
- Analizzare le cause di questo fenomeno: stress, pressione sociale, isolamento sociale, digitalizzazione, insicurezza economica, disparità sociali.
- Sottolineare l'impatto negativo dei disturbi mentali sulla vita degli individui e sulla società.

L'impatto dello stress e della pressione sociale:

- Analizzare le fonti di stress nella vita moderna: lavoro, scuola, relazioni, finanze, informazione, competizione sociale.
- Discutere come lo stress e la pressione sociale influenzano la salute mentale: ansia, depressione, burnout, disturbi del sonno.
- Evidenziare l'importanza di gestire lo stress e di promuovere il benessere psicologico.

Le sfide per la diagnosi e la cura:

- Spiegare le difficoltà nel diagnosticare i disturbi mentali: stigma, scarsa consapevolezza, mancanza di accesso ai servizi, scarso investimento in ricerca.
- Discutere i diversi approcci terapeutici per i disturbi mentali: psicoterapia, farmacoterapia, interventi di gruppo.
- Evidenziare la necessità di migliorare l'accesso alle cure e di combattere lo stigma associato ai disturbi mentali.

Il ruolo della prevenzione e del sostegno psicologico:

- Spiegare l'importanza della prevenzione dei disturbi mentali: educazione alla salute mentale, promozione del benessere psicologico, programmi di supporto, interventi precoci.
- Discutere il ruolo del sostegno psicologico: psicoterapia, supporto di gruppi di auto-aiuto, consulenza, assistenza di emergenza.
- Evidenziare il valore del dialogo, dell'ascolto e della comprensione nella gestione dei problemi di salute mentale.

La promozione di uno stile di vita sano:

- Spiegare come uno stile di vita sano può contribuire alla salute mentale: alimentazione sana, attività fisica, dormire a sufficienza, relazioni sociali positive, gestione del tempo.
- Discutere l'importanza di pratiche di benessere: meditazione, yoga, mindfulness, tecniche di rilassamento.
- Evidenziare il ruolo dell'ambiente sociale e culturale nella promozione di uno stile di vita sano e nella tutela della salute mentale.

Conclusione:

- Riassegnare i principali punti affrontati nella trattazione.
- Sottolineare l'importanza di affrontare la salute mentale come un problema prioritario e di investire in prevenzione, supporto e cure.
- Invitare a un impegno collettivo per la promozione del benessere psicologico, la lotta allo stigma e la creazione di una società più inclusiva e consapevole.

SVILUPPO TRACCIA

La Salute Mentale: Una Sfida Contemporanea

La salute mentale è un pilastro fondamentale del benessere generale. In un'epoca caratterizzata da stress, pressioni sociali e incertezze economiche, la salute mentale è sempre più minacciata. Il numero crescente di disturbi mentali come ansia, depressione e disturbi da stress post-traumatico è un campanello d'allarme, un sintomo di una crisi silenziosa che colpisce individui e società.

Un problema in crescita: Il numero di persone che soffre di disturbi mentali è in aumento in tutto il mondo. Questo fenomeno è alimentato da una miriade di fattori: lo stress lavorativo, la pressione sociale per il successo, la competizione per le risorse, l'isolamento sociale e la perdita di valori tradizionali. La digitalizzazione ha contribuito ad aumentare lo stress, con l'esposizione continua a informazioni e stimoli che possono essere travolgenti. L'incertezza economica e la disparità sociale aggravano la situazione, creando un clima di insicurezza e di paura che incide negativamente sulla salute mentale.

Lo stress: un nemico silenzioso: Lo stress è diventato un compagno costante nella vita moderna. Il lavoro, la scuola, le relazioni interpersonali, i problemi economici e la competizione sociale sono solo alcune delle fonti di stress. Lo stress prolungato può causare ansia, depressione, burnout, disturbi del sonno e problemi fisici. È fondamentale imparare a gestire lo stress, adottando strategie di rilassamento, di attività fisica e di comunicazione efficace.

Sfide per la diagnosi e la cura: L'accesso alle cure per i disturbi mentali è ancora limitato in molti paesi. Lo stigma associato ai disturbi mentali impedisce a molte persone di cercare aiuto, mentre la mancanza di investimento in ricerca e in servizi sanitari limita le possibilità di diagnosi e di cura. È necessario un impegno collettivo per combattere lo stigma, migliorare l'accesso alle cure e promuovere la ricerca in ambito di salute mentale.

Prevenzione e sostegno psicologico: La prevenzione è fondamentale per tutelare la salute mentale. L'educazione alla salute mentale, fin dalla giovane età, può aiutare a sviluppare competenze di gestione dello stress, di comunicazione efficace e di risoluzione dei conflitti. Il sostegno psicologico, attraverso la psicoterapia, i gruppi di auto-aiuto e la consulenza, è essenziale per affrontare i problemi di salute mentale e per promuovere il benessere psicologico. È importante creare un clima sociale che favorisca il dialogo aperto e la comprensione riguardo ai problemi di salute mentale.

Uno stile di vita sano: Uno stile di vita sano può contribuire a preservare la salute mentale. Un'alimentazione sana, l'attività fisica regolare, un sonno sufficiente e relazioni sociali positive sono fattori fondamentali per il benessere psicologico. Praticare tecniche di rilassamento, come la meditazione, lo yoga e la mindfulness, può aiutare a gestire lo stress e a promuovere il benessere mentale. È importante creare un ambiente sociale e culturale che favorisca uno stile di vita sano e che promuova la cura della salute mentale.

Un impegno collettivo: La salute mentale è una sfida sociale che richiede un impegno collettivo. I governi devono investire nella ricerca, nell'assistenza sanitaria e nella prevenzione. Le aziende devono creare ambienti di lavoro più sani e supportivi. La società deve combattere lo stigma associato ai disturbi mentali e promuovere un clima di comprensione e di solidarietà. Un futuro più sano e felice richiede un impegno comune per promuovere il benessere mentale di tutti.

Sport e società: il ruolo sociale e culturale dello sport; la professionalizzazione dello sport e i grandi eventi; l'impatto dello sport sulle giovani generazioni; la lotta al doping e la corruzione; l'inclusione e la diversità nello sport.

SCALETTA

Introduzione:

- Definire il ruolo dello sport nella società, evidenziando il suo valore sociale, culturale e educativo.
- Spiegare come lo sport sia un fenomeno globale che influisce profondamente su diversi aspetti della vita sociale.
- Presentare gli aspetti che saranno analizzati: ruolo sociale e culturale, professionalizzazione, impatto sulle giovani generazioni, lotta al doping e alla corruzione, inclusione e diversità.

Il ruolo sociale e culturale dello sport:

- Analizzare il ruolo dello sport come strumento di integrazione sociale, promozione di valori come il lavoro di squadra, il rispetto delle regole, la disciplina, la perseveranza, l'inclusione.
- Discutere il valore dello sport come forma di espressione culturale, identità nazionale, rituali e tradizioni.
- Evidenziare il ruolo dello sport come strumento di educazione e di crescita personale.

La professionalizzazione dello sport e i grandi eventi:

- Spiegare la crescente professionalizzazione dello sport, con la creazione di campionati professionistici, l'aumento dei premi in denaro e la crescente attenzione mediatica.
- Analizzare l'impatto dei grandi eventi sportivi come i Giochi Olimpici, i Mondiali di calcio, i tornei di tennis, sulla società, sull'economia, sulla cultura.
- Discutere i rischi e le sfide legati alla commercializzazione dello sport, come la pressione sui giocatori, l'aumento dei costi e la corruzione.

L'impatto dello sport sulle giovani generazioni:

- Analizzare l'influenza dello sport sulle giovani generazioni: modello di ruolo, stili di vita, salute, valorizzazione di competenze.
- Discutere l'importanza della promozione di sport e attività fisiche fin dalla giovane età.
- Evidenziare il ruolo delle scuole e delle organizzazioni sportive nella formazione di giovani atleti e nella promozione di valori sportivi.

La lotta al doping e alla corruzione:

- Spiegare il fenomeno del doping nello sport e i suoi effetti negativi sulla salute degli atleti, sulla competizione e sulla credibilità dello sport.
- Analizzare il ruolo delle organizzazioni sportive internazionali nella lotta al doping e nella promozione di un gioco pulito.
- Discutere il problema della corruzione nello sport e le misure per prevenirla.

L'inclusione e la diversità nello sport:

- Spiegare l'importanza dell'inclusione e della diversità nello sport, affinché tutti abbiano la possibilità di praticare lo sport senza discriminazioni.
- Analizzare le sfide per l'inclusione di persone con disabilità, persone di diverse etnie, culture e religioni, persone LGBTQ+.
- Discutere il ruolo delle federazioni sportive, degli atleti e dei media nella promozione di un ambiente sportivo inclusivo e rispettoso.

Conclusione:

- Riassegnare i principali punti affrontati nella trattazione.
- Sottolineare l'importanza dello sport per il benessere individuale e sociale.
- Invitare a un impegno collettivo per promuovere un ambiente sportivo pulito, inclusivo e rispettoso di tutti.

SVILUPPO TRACCIA

Sport: Un Potere Sociale che Bisogna Governare

Lo sport è un fenomeno globale che va ben oltre il semplice intrattenimento. È un potente strumento di integrazione sociale, promozione di valori e espressione culturale, con un impatto significativo sulle giovani generazioni. Tuttavia, la crescente professionalizzazione dello sport e l'influenza degli interessi economici hanno creato sfide e tensioni che devono essere affrontate con serietà e consapevolezza.

Valori e integrazione: Lo sport insegna il lavoro di squadra, la disciplina, il rispetto delle regole, la perseveranza e la competizione leale. Questi valori sono fondamentali per la crescita personale e sociale dei giovani, promuovendo l'integrazione tra persone di diverse culture e background. Lo sport può essere un potente strumento per combattere la discriminazione e la marginalizzazione, offrendo a tutti la possibilità di esprimersi e di sviluppare il proprio potenziale.

Professionalizzazione e grandi eventi: La professionalizzazione dello sport ha portato alla creazione di campionati professionistici e di eventi sportivi di grandi dimensioni, come i Giochi Olimpici e i Mondiali di calcio. Questi eventi generano ingenti ricavi e attraggono un pubblico globale, ma anche creano pressioni sui giocatori, aumentano i costi e spesso sono contaminati da corruzione e da interessi economici che prevalgono sul valore dello sport.

L'impatto sulle giovani generazioni: Lo sport ha un forte impatto sulle giovani generazioni. Gli atleti professionisti sono modelli di ruolo per i ragazzi, influenzando i loro stili di vita, le loro aspirazioni e i loro valori. È fondamentale promuovere uno sport etico e responsabile, basato sul rispetto delle regole, sulla disciplina, sulla lealtà e sul fair play.

La lotta al doping e alla corruzione: Il doping, l'uso di sostanze vietate per migliorare le prestazioni sportive, è un problema serio che mina la credibilità dello sport e mette in pericolo la salute degli atleti. La corruzione, l'abuso di potere e la manipolazione dei risultati sono altrettanto dannosi per l'integrità dello sport. La lotta al doping e alla corruzione richiede un impegno coordinato da parte delle federazioni sportive, delle autorità e dei media.

Inclusione e diversità: Lo sport dovrebbe essere accessibile a tutti, indipendentemente da etnia, cultura, religione, orientamento sessuale o disabilità. L'inclusione e la diversità sono fondamentali per creare un ambiente sportivo equo e rispettoso. Le federazioni sportive, gli atleti e i media hanno un ruolo importante da svolgere nella promozione di un ambiente sportivo inclusivo e nella lotta alle discriminazioni.

Il futuro dello sport: Lo sport è un potente strumento di integrazione sociale, di promozione di valori e di espressione culturale. Tuttavia, è necessario un impegno coordinato per garantire che lo sport rimanga un ambiente pulito, equo e rispettoso di tutti. La lotta al doping, alla corruzione e alle discriminazioni è fondamentale per preservare l'integrità dello sport e per permettere a tutti di beneficiare dei suoi valori. Un futuro positivo per lo sport richiede un impegno collettivo da parte di atleti, federazioni, governi e società civile.

Turismo e ambiente: il turismo sostenibile e l'impatto sull'ambiente; il turismo di massa e la sovraffollamento; la protezione dei patrimoni culturali e naturali; il ruolo del turismo nello sviluppo economico e sociale.

SCALETTA

Introduzione:

- Definire il turismo come fenomeno globale e la sua importanza per l'economia, la società e la cultura.
- Sottolineare il legame tra turismo e ambiente, evidenziando come il turismo può avere un impatto positivo o negativo sull'ambiente e sulle comunità locali.
- Presentare gli aspetti che saranno analizzati: turismo sostenibile, turismo di massa, sovraffollamento, protezione dei patrimoni, ruolo economico e sociale del turismo.

Il turismo sostenibile e l'impatto sull'ambiente:

- Definire il turismo sostenibile e i suoi principi chiave: rispetto dell'ambiente, sostenibilità economica e sociale, promozione della cultura locale.
- Analizzare l'impatto ambientale del turismo: emissioni di gas serra, consumo di risorse naturali, inquinamento, perdita di biodiversità.
- Spiegare come il turismo sostenibile può contribuire a ridurre l'impatto ambientale: utilizzo di energie rinnovabili, gestione dei rifiuti, promozione del trasporto pubblico, tutela della biodiversità.

Il turismo di massa e la sovraffollamento:

- Spiegare il fenomeno del turismo di massa e le sue conseguenze: sovraffollamento, aumento dei prezzi, impianti turistici invasivi, perdita di autenticità.
- Analizzare il problema del sovraffollamento in località turistiche popolari: impianti turistici, infrastrutture, servizi, ambiente.
- Discutere le possibili soluzioni per mitigare il problema del sovraffollamento: gestione dei flussi turistici, promozione di destinazioni meno conosciute, turismo sostenibile.

La protezione dei patrimoni culturali e naturali:

- Evidenziare l'importanza di proteggere i patrimoni culturali e naturali: siti archeologici, monumenti storici, parchi naturali, fauna e flora.
- Spiegare come il turismo può contribuire alla protezione dei patrimoni: finanziamento della conservazione, sensibilizzazione pubblica, sviluppo di infrastrutture sostenibili.
- Discutere i rischi del turismo per i patrimoni culturali e naturali: sovraffollamento, danni, inquinamento, perdita di autenticità.

Il ruolo del turismo nello sviluppo economico e sociale:

- Spiegare come il turismo può contribuire allo sviluppo economico di un territorio: creazione di posti di lavoro, aumento delle entrate, investimento in infrastrutture.
- Analizzare i benefici sociali del turismo: promozione della cultura locale, incontro tra culture, diffusione di conoscenza.
- Discutere le sfide per lo sviluppo turistico sostenibile: gestione dei flussi turistici, distribuzione equa dei benefici, inclusione delle comunità locali.

Conclusione:

- Riassegnare i principali punti affrontati nella trattazione.
- Sottolineare la necessità di un turismo responsabile e sostenibile, che rispetti l'ambiente, le culture e le comunità locali.
- Invitare a un impegno collettivo per promuovere il turismo sostenibile e per preservare i patrimoni culturali e naturali del mondo.

SVILUPPO TRACCIA

Turismo: Un'Oasi di Opportunità, Ma Anche un'Ombra di Pericolo

Il turismo è diventato un fenomeno globale, un motore economico e un importante fattore di scambio culturale. Milioni di persone viaggiano ogni anno per scoprire nuovi luoghi, nuove culture e nuove esperienze. Tuttavia, l'aumento del turismo di massa ha sollevato preoccupazioni in relazione all'impatto sull'ambiente e sulle comunità locali, creando un dibattito sulla necessità di un turismo più responsabile e sostenibile.

Il turismo sostenibile: un modello di sviluppo: Il turismo sostenibile è un modello di sviluppo che mira a minimizzare l'impatto negativo del turismo sull'ambiente e sulle comunità locali. Questo approccio promuove il rispetto dell'ambiente, l'utilizzo di energie rinnovabili, la gestione dei rifiuti, la promozione del trasporto pubblico e la tutela della biodiversità. Inoltre, il turismo sostenibile si focalizza sulla promozione della cultura locale, sul sostegno all'economia locale e sulla creazione di opportunità di lavoro per le comunità ospitanti.

Il turismo di massa: un problema sempre più grave: Il turismo di massa, caratterizzato da grandi flussi di visitatori, ha conseguenze negative sull'ambiente e sulle comunità locali. Il sovraffollamento porta all'aumento dei prezzi, alla perdita di autenticità e all'inquinamento. La costruzione di impianti turistici invasivi danni i paesaggi e disturbano l'equilibrio degli ecosistemi. Il turismo di massa spesso non beneficia le comunità locali, che si trovano a fare i conti con l'aumento dei costi della vita e con la perdita di identità culturale.

La protezione dei patrimoni culturali e naturali: Il turismo può contribuire alla protezione dei patrimoni culturali e naturali, come siti archeologici, monumenti storici, parchi naturali, fauna e flora. Tuttavia, il turismo di massa rappresenta una minaccia per questi patrimoni. Il sovraffollamento può causare danni ai siti e all'ambiente, l'inquinamento può danneggiare gli ecosistemi e la perdita di autenticità può minare il valore culturale dei siti.

Il ruolo del turismo nello sviluppo economico e sociale: Il turismo può contribuire allo sviluppo economico di un territorio, creando posti di lavoro e aumentando le entrate. Il turismo può anche promuovere la cultura locale, favorire l'incontro tra culture e diffondere conoscenza. Tuttavia, è fondamentale che lo sviluppo turistico sia sostenibile, equo e inclusivo per le comunità locali.

Il futuro del turismo: Il turismo ha il potenziale di essere un motore di sviluppo economico, culturale e sociale, ma è necessario un impegno collettivo per renderlo sostenibile. Governi, imprese turistiche e turisti hanno un ruolo fondamentale da svolgere nella promozione di un turismo responsabile, che rispetti l'ambiente, le culture e le comunità locali. La scelta di destinazioni sostenibili, l'utilizzo di trasporti ecologici e la promozione della cultura locale sono solo alcune delle azioni che possono contribuire a creare un futuro più sostenibile per il turismo.

Moda e consumo: il fast fashion e l'impatto sull'ambiente; la sostenibilità nella moda; il consumo consapevole e la lotta allo spreco; l'influenza dei social media sul mondo della moda; il ruolo della moda nella società.

SCALETTA

Introduzione:

- Definire la moda come fenomeno culturale, economico e sociale, sottolineando il suo ruolo nella società contemporanea.
- Evidenziare il legame tra moda e consumo, spiegando come la produzione e il consumo di abbigliamento siano in continua evoluzione e influenzati da diversi fattori.
- Presentare gli aspetti che saranno analizzati: fast fashion, sostenibilità, consumo consapevole, influenza dei social media, ruolo della moda nella società.

Il fast fashion e l'impatto sull'ambiente:

- Definire il fast fashion come modello di produzione e consumo di abbigliamento caratterizzato da prezzi bassi, alti volumi di produzione, rapidità di ricambio delle tendenze e scarso impatto sociale ed ambientale.
- Analizzare l'impatto negativo del fast fashion sull'ambiente: consumo di risorse naturali (acqua, terra, energia), produzione di rifiuti (abiti dismessi), inquinamento, emissioni di gas serra.
- Spiegare come il fast fashion contribuisce all'obsolescenza programmata degli abiti, creando un circolo vizioso di consumo e spreco.

La sostenibilità nella moda:

- Definire la sostenibilità nella moda come un modello di produzione e consumo che rispetta l'ambiente, le risorse naturali, le persone e la società.
- Analizzare le diverse strategie di sostenibilità: utilizzo di materiali ecologici, produzione etica, riduzione degli sprechi, riutilizzo e riciclo, abbigliamento vintage.
- Evidenziare l'importanza di un approccio olistico alla sostenibilità nella moda, che tenga conto di tutti gli aspetti della filiera, dalla produzione al consumo.

Il consumo consapevole e la lotta allo spreco:

- Definire il consumo consapevole come un approccio al consumo di abbigliamento che tiene conto dell'impatto ambientale e sociale dei prodotti e promuove la scelta di abiti di qualità, durevoli e etici.
- Spiegare come ridurre lo spreco di abbigliamento: acquisto di abiti di qualità, riutilizzo di abiti usati, riparazione e modifiche degli abiti, donazioni e riciclo.

- Evidenziare l'importanza di educare i consumatori a un consumo più responsabile e consapevole.

L'influenza dei social media sul mondo della moda:

- Analizzare il ruolo dei social media nella diffusione delle tendenze della moda: influencer, fashion blogger, piattaforme di e-commerce, hashtag.
- Discutere l'influenza dei social media sulle scelte dei consumatori: acquisto impulsivo, influenza delle tendenze del momento, consumo di abbigliamento fast fashion.
- Evidenziare il ruolo dei social media nella promozione della sostenibilità nella moda e nel consumo consapevole.

Il ruolo della moda nella società:

- Discutere il ruolo della moda come forma di espressione personale, identità sociale e cultura.
- Analizzare l'influenza della moda sul comportamento sociale: stereotipi, conformismo, individualità, protesta.
- Evidenziare il potere della moda come strumento di comunicazione, di influenza e di cambiamento sociale.

Conclusione:

- Riassegnare i principali punti affrontati nella trattazione.
- Sottolineare la necessità di un cambiamento nel modo in cui produciamo e consumiamo abiti, promuovendo la sostenibilità, il consumo consapevole e la lotta allo spreco.
- Invitare a un impegno collettivo per la trasformazione del sistema della moda, rendendolo più etico, sostenibile e inclusivo.

SVILUPPO TRACCIA

Moda: Tra Sfilate e Sostenibilità, Un Dialogo Necessario

La moda, da sempre specchio dei tempi e veicolo di identità e espressione personale, si trova oggi a un bivio. L'ascesa del fast fashion, con la sua produzione di massa e il rapido ricambio delle tendenze, ha portato a un consumo spregiudicato, spesso ignaro dell'impatto ambientale e sociale del settore. La sfida ora è quella di ridefinire il modello di consumo, abbracciando la sostenibilità e il consumo consapevole, riconoscendo il valore degli abiti e il loro impatto sul pianeta e sulle persone.

Il fast fashion: un circolo vizioso di consumo e spreco: Il fast fashion, con i suoi prezzi bassi e la velocità di riproduzione delle tendenze, ha segnato una svolta nel modo in cui abbiamo comprato e consumato abiti. La produzione di massa e l'obsolescenza programmata hanno creato un circolo vizioso di consumo e spreco, con abiti che vengono utilizzati per un breve periodo e poi abbandonati, contribuendo all'aumento dei rifiuti tessili. L'impatto ambientale del fast fashion è devastante: consumo eccessivo di acqua, di energia e di risorse naturali, inquinamento delle acque e dell'aria, emissioni di gas serra e sfruttamento del lavoro in paesi in via di sviluppo.

La sostenibilità nella moda: un nuovo paradigma: La sostenibilità nella moda sta emergendo come una necessità imperativa, un nuovo paradigma che mira a ridurre l'impatto negativo del settore sull'ambiente e sulle persone. L'utilizzo di materiali ecologici, come il cotone organico, la lana rigenerata e il denim riciclato, è un passo importante. La produzione etica, che si focalizza sulle condizioni di lavoro degli addetti ai lavori e sulla giustizia salariale, è altrettanto cruciale. Il riutilizzo e il riciclo degli abiti stanno guadagnando sempre più popolarità, con l'emergere di mercatini dell'usato, piattaforme online per la vendita di abiti usati e iniziative di upcycling.

Consumi consapevoli per un futuro sostenibile: Il consumo consapevole è un approccio fondamentale per trasformare il modo in cui acquistiamo e usiamo gli abiti. Scegliere abiti di qualità, durevoli e realizzati con materiali etici è fondamentale. È importante ridurre gli acquisti impulsivi, riflettere sull'impatto ambientale e sociale dei prodotti e sfruttare le possibilità di riutilizzo e riciclo degli abiti.

Il potere dei social media: I social media hanno un ruolo significativo nel mondo della moda, diffondendo tendenze, influenzando le scelte dei consumatori e promuovendo l'immagine di marchi e influencer. I social media possono essere utilizzati per promuovere la sostenibilità nella moda e per sensibilizzare il pubblico sull'impatto ambientale e sociale del settore. È importante che gli influencer e i marchi di moda assumano un ruolo responsabile nei social media, promuovendo un consumo consapevole e sostenibile.

La moda come mezzo di comunicazione: La moda è un mezzo di comunicazione potente, che può esprimere identità, valori e credenze. La moda può essere un strumento di protesta, di cambiamento sociale e di promozione di messaggi importanti. È importante che la moda venga utilizzata per promuovere la sostenibilità, l'inclusione e la diversità, e per creare un futuro più equo e giusto per tutti.

Un futuro più sostenibile: Il futuro della moda dipende da un cambiamento profondo nel modo in cui produciamo e consumiamo gli abiti. La sostenibilità, il consumo consapevole e la lotta allo spreco sono fondamentali per creare un settore della moda più etico, più responsabile e più inclusivo. L'impegno collettivo di marchi, designer, influencer e consumatori è necessario per trasformare il mondo della moda in un mondo più sostenibile e più giusto per tutti.

Generazione Z e Millennial: le caratteristiche e le sfide delle nuove generazioni; l'impatto sui modelli di consumo, di lavoro e di vita; il ruolo dei social media e la cultura digitale; il confronto intergenerazionale.

SCALETTA

Introduzione:

- Definire le generazioni Z e Millennial: età, contesto storico, eventi chiave che le hanno plasmate.
- Sottolineare l'importanza di comprendere le nuove generazioni per affrontare le sfide sociali, economiche e culturali del presente e del futuro.
- Presentare gli aspetti che saranno analizzati: caratteristiche e sfide, impatto sui modelli di consumo, lavoro e vita, ruolo dei social media, confronto intergenerazionale.

Caratteristiche e sfide delle nuove generazioni:

- Analizzare le caratteristiche distintive della Generazione Z (nati tra la metà degli anni '90 e la metà degli anni 2000) e dei Millennial (nati tra l'inizio degli anni '80 e la metà degli anni '90):
    - Digital natives, iperconnessi e influenzati dalla tecnologia.
    - Sensibili ai temi sociali, ambientali e politici.
    - Più individualisti e orientati alla libertà personale.
    - Meno fiduciosi nelle istituzioni tradizionali.
- Discutere le sfide che affrontano:
    - Crisi economica, instabilità lavorativa e precarietà.
    - Pressione sociale, ansia e stress legati al successo e all'immagine online.
    - Difficoltà nel trovare un senso di appartenenza e identità in un mondo in continua trasformazione.

Impatto sui modelli di consumo, di lavoro e di vita:

- Analizzare il modo in cui Generazione Z e Millennial stanno ridefinendo il consumo:
    - Priorità alla sostenibilità ambientale e sociale.
    - Preferenza per esperienze e prodotti personalizzati.
    - Maggiore attenzione al valore e alla qualità rispetto al prezzo.
    - Influenzati dai social media e dal marketing digitale.
- Discutere l'impatto sulle dinamiche lavorative:
    - Ricerca di flessibilità, autonomia e lavoro significativo.

- Maggiore attenzione al work-life balance e al benessere.
- Propensione al lavoro freelance e all'autoimprenditorialità.
- Aspettative di carriera e di formazione continue.
- Evidenziare come le nuove generazioni stiano rimodellando il modo di vivere:
  - Priorità alla condivisione e all'esperienza rispetto alla proprietà.
  - Maggiore attenzione alla salute e al benessere psicofisico.
  - Impegno per la giustizia sociale e per la difesa dell'ambiente.

Il ruolo dei social media e la cultura digitale:

- Analizzare l'influenza dei social media sulla vita delle nuove generazioni:
  - Creazione di identità online, socializzazione e relazioni.
  - Diffusione di informazioni e di tendenze culturali.
  - Potenziale di attivismo e di mobilitazione sociale.
  - Rischio di dipendenza, di cyberbullismo e di disinformazione.
- Discutere la cultura digitale delle nuove generazioni:
  - Informazione costante e accesso immediato.
  - Cultura visiva e linguaggio dei meme.
  - Nuove forme di narrazione e di comunicazione.
  - La sfida di distinguere realtà e finzione.

Il confronto intergenerazionale:

- Analizzare le differenze e i punti di contatto tra le nuove generazioni e le generazioni precedenti:
  - Conflitto di valori e di aspettative.
  - Differenze di atteggiamento nei confronti del lavoro, del consumo e della tecnologia.
  - Necessità di un dialogo intergenerazionale per costruire un futuro condiviso.
  - Il ruolo della comunicazione e della comprensione reciproca per superare le differenze e creare sinergie.

Conclusione:

- Riassegnare i punti chiave affrontati nella trattazione.
- Sottolineare l'importanza di comprendere le sfide e le opportunità offerte dalle nuove generazioni per costruire un futuro più sostenibile, inclusivo e equo.
- Invitare a un dialogo intergenerazionale costruttivo, basato sulla comprensione reciproca e sulla collaborazione per affrontare le sfide comuni.

SVILUPPO TRACCIA

Generazione Z e Millennial: Un Nuovo Mondo in Movimento

Le nuove generazioni, Millennial e Generazione Z, stanno rimodellando il mondo in cui viviamo, trascinando un cambio di prospettiva che sta influenzando i modelli di consumo, di lavoro e di vita. Queste generazioni, nate in un contesto storico caratterizzato da un'esplosione tecnologica e da profondi cambiamenti sociali, portano con sé nuovi valori, nuovi atteggiamenti e nuove aspettative che stanno ridefinendo il futuro della società.

La Generazione Z: I Nativi Digitali: La Generazione Z, nata tra la metà degli anni '90 e la metà degli anni 2000, è la prima generazione completamente immerse nel mondo digitale. Sono nati in un contesto in cui Internet è sempre presente, i social media sono strumenti di comunicazione quotidiani e la tecnologia è un elemento fondamentale della vita quotidiana. Questa profonde influenza digitale ha plasmato le loro caratteristiche e le loro aspettative, rendendole più individualiste, orientate all'autonomia e alla flessibilità.

I Millennial: Il ponte tra il passato e il futuro: I Millennial, nati tra l'inizio degli anni '80 e la metà degli anni '90, hanno vissuto un periodo di grandi cambiamenti sociali e economici, con l'ascesa di Internet e la globalizzazione. Sono una generazione che ha appreso ad adattarsi rapidamente al cambiamento e che ha una forte sensibilità ai temi sociali e ambientali. Sono cresciuti in un contesto di incertezza economica e di competizione globale, sviluppando una forte ambizione e un desiderio di successo professionale.

Nuove Dinamiche di Consumo: Entrambe le generazioni stanno ridefinendo il modo in cui le persone acquistano e consumano. L'attenzione è spostata verso la sostenibilità ambientale e sociale, con una preferenza per prodotti etici e ecologici. La personalizzazione è un elemento fondamentale: le nuove generazioni cercano prodotti e servizi adatti alle loro esigenze individuali. L'influenza dei social media è forte, con una maggiore attenzione alla qualità e al valore del prodotto rispetto al prezzo.

Un Nuovo Mondo del Lavoro: Generazione Z e Millennial stanno trasformando il mondo del lavoro. La flessibilità, l'autonomia e il lavoro significativo sono valori fondamentali per queste generazioni. Il desiderio di un work-life balance è molto forte, con una maggiore attenzione al benessere psicofisico. Il lavoro freelance e l'autoimprenditorialità sono in crescita, grazie alla possibilità di lavorare da remoto e di gestire la propria carriera con maggiore flessibilità.

Il Ruolo dei Social Media: I social media hanno un'influenza profonda sulla vita delle nuove generazioni, influenzando il modo in cui si relazionano, si informano e si esprimono. I social media sono un luogo di socializzazione e di creazione di identità online, ma anche un terreno fertile per la diffusione di informazioni e di tendenze culturali. Le nuove generazioni hanno un rapporto complesso con i social media, consapevoli sia del loro potere che dei rischi connessi alla dipendenza, al cyberbullismo e alla disinformazione.

Il Confronto Intergenerazionale: Il confronto tra le nuove generazioni e le generazioni precedenti è un processo inevitabile e spesso carico di tensioni. Differenze di valori, di aspettative e di atteggiamento nei confronti del lavoro, del consumo e della tecnologia possono portare a conflitti e incomprensioni. Tuttavia, è fondamentale sviluppare un dialogo intergenerazionale costruttivo, basato sulla comprensione reciproca e sulla collaborazione per costruire un futuro più inclusivo e equo.

Un Nuovo Capitolo: Generazione Z e Millennial sono la spinta di un nuovo mondo, in movimento e in continua evoluzione. Le loro caratteristiche, le loro aspettative e il loro rapporto con la tecnologia stanno ridefinendo il futuro della società, presentando sfide e opportunità senza precedenti. È necessario un cambiamento di prospettiva per comprendere e interpretare queste nuove dinamiche e per costruire un futuro che sia al passo con le aspettative e i bisogni delle nuove generazioni.

Il ruolo della memoria: la memoria storica e il suo valore sociale; la lotta contro la disinformazione e la manipolazione della storia; la memoria individuale e la trasmissione delle

SCALETTA

Introduzione:

- Definire la memoria come la capacità di conservare e rievocare esperienze, eventi e informazioni.
- Sottolineare il ruolo fondamentale della memoria nella vita individuale e nella costruzione dell'identità di un individuo, di un gruppo o di una società.
- Presentare gli aspetti che saranno analizzati: la memoria storica e il suo valore sociale, la lotta contro la disinformazione e la manipolazione della storia, la memoria individuale e la trasmissione delle esperienze, il ruolo dei musei e degli archivi.

La memoria storica e il suo valore sociale:

- Discutere l'importanza della memoria storica per la costruzione dell'identità nazionale, la comprensione del passato e il progresso sociale.
- Analizzare il ruolo della memoria storica nell'educazione, nella formazione dei cittadini e nella costruzione di una società più equa e giusta.
- Riflettere sul valore della memoria storica nella lotta contro l'oblio, la disinformazione e la negazione degli errori del passato.

La lotta contro la disinformazione e la manipolazione della storia:

- Evidenziare la crescente diffusione della disinformazione e della manipolazione della storia, soprattutto nell'era digitale.
- Analizzare i motivi che spingono alla disinformazione e alla manipolazione della storia, come l'ideologia, l'interesse politico e la propaganda.
- Discutere le conseguenze della disinformazione storica: la perdita di memoria collettiva, l'incapacità di comprendere il presente e di costruire un futuro più giusto.

La memoria individuale e la trasmissione delle esperienze:

- Esaminare il ruolo della memoria individuale nella costruzione dell'identità personale e nella trasmissione di esperienze e conoscenze alle generazioni future.
- Analizzare il ruolo della narrazione personale, della famiglia, della comunità e dei momenti significativi della vita nella formazione della memoria individuale.
- Riflettere sull'importanza di condividere le proprie esperienze per tramandare la memoria storica e per costruire un futuro più consapevole.

Il ruolo dei musei e degli archivi:

- Discutere il ruolo dei musei e degli archivi nella preservazione e nella diffusione della memoria storica.
- Analizzare il ruolo dei musei nella raccolta, nella conservazione e nella esposizione di oggetti e documenti storici.
- Riflettere sull'importanza degli archivi nella conservazione di testi, immagini, suoni e altre forme di documentazione storica.

Conclusione:

- Riassegnare i punti chiave affrontati nella trattazione.
- Sottolineare l'importanza della memoria storica come elemento fondamentale per la costruzione dell'identità, la comprensione del passato e il progresso sociale.
- Invitare a un impegno collettivo per preservare la memoria storica, combattere la disinformazione e promuovere un'educazione storica consapevole e critica.

SVILUPPO TRACCIA

La Memoria: Un Tesoro da Custodire e Trasmettere

La memoria è il filo conduttore che unisce il passato, il presente e il futuro, un tesoro inestimabile che ci permette di comprendere chi siamo, da dove veniamo e dove vogliamo andare. La memoria è un elemento fondamentale per la costruzione dell'identità, per la coesione sociale e per il progresso dell'umanità. Attraverso la memoria storica, la memoria individuale e il ruolo di istituzioni come musei e archivi, possiamo conservare e trasmettere il nostro patrimonio culturale e imparare dai nostri errori per costruire un futuro più giusto e equo.

La Memoria Storica: Un Luogo di Riflessione: La memoria storica è un elemento fondamentale per la costruzione dell'identità nazionale, per la comprensione delle radici di un popolo e per il progresso sociale. Attraverso lo studio della storia, possiamo imparare dai nostri errori, comprendere le cause dei conflitti e dei cambiamenti sociali e costruire un futuro più giusto e equo. La memoria storica ci insegna il valore della libertà, della democrazia e dei diritti umani, e ci spinge a lottare per la giustizia sociale.

La Lotta Contro la Disinformazione: Nell'era digitale, la disinformazione e la manipolazione della storia sono un problema sempre più grave. L'accesso a un'enorme quantità di informazioni online ha creato un ambiente in cui è facile diffondere notizie false e interpretazioni distorte degli eventi storici. Questo rischio di perdita della memoria collettiva è un problema serio, perché minaccia la capacità di comprendere il presente e di costruire un futuro più consapevole.

La Memoria Individuale: Un Tesoro Personale: La memoria individuale è il nostro tesoro personale, un racconto unico delle nostre esperienze, delle nostre relazioni e dei momenti significativi della nostra vita. La memoria individuale è influenzata dalla famiglia, dalla comunità e dai momenti che hanno segnato il nostro cammino. Condividere le nostre esperienze è fondamentale per tramandare la memoria storica e per costruire un futuro più consapevole.

Il Ruolo di Musei e Archivi: Musei e archivi sono istituzioni fondamentali per la preservazione e la diffusione della memoria storica. I musei raccolgono oggetti e documenti storici, li conservano e li espongono al pubblico, offrendo un'esperienza interattiva e coinvolgente per la comprensione del passato. Gli archivi conservano testi, immagini, suoni e altre forme di documentazione storica, rendendo accessibile un immenso patrimonio culturale.

Un Impegno Collettivo: Preservare la memoria storica è un dovere morale e sociale. È necessario investire nella tutela dei beni culturali, promuovere l'educazione storica, combattere la disinformazione e sostenere il ruolo di musei e archivi. La memoria storica è un tesoro prezioso da custodire e tramandare alle future generazioni, per costruire un futuro più giusto, consapevole e responsabile.

L'etica e la moralità: i cambiamenti nei valori e nelle norme morali; la bioetica e le questioni biomediche; l'etica digitale e la responsabilità sociale; la giustizia sociale e la lotta alle discriminazioni.

SCALETTA

Introduzione:

- Definire l'etica e la moralità come i principi che guidano il comportamento umano e che definiscono il bene e il male, il giusto e l'ingiusto.
- Sottolineare l'evoluzione dei valori e delle norme morali nel corso della storia, influenzati da fattori sociali, culturali e tecnologici.
- Presentare gli aspetti che saranno analizzati: i cambiamenti nei valori e nelle norme morali, la bioetica, l'etica digitale, la giustizia sociale.

I cambiamenti nei valori e nelle norme morali:

- Discutere l'influenza della globalizzazione, della tecnologia e dei nuovi modelli sociali sull'evoluzione dei valori e delle norme morali.
- Analizzare come i cambiamenti sociali e culturali abbiano portato a nuove discussioni etiche su temi come: i diritti LGBTQ+, il ruolo delle donne nella società, il rapporto con l'ambiente, l'immigrazione.
- Riflettere sul ruolo delle istituzioni, dei media e della società civile nella promozione di un dibattito etico sulle questioni morali contemporanee.

La bioetica e le questioni biomediche:

- Definire la bioetica come il campo di studio che si occupa delle implicazioni etiche delle scienze biomediche e delle tecnologie biologiche.
- Analizzare le questioni etiche legate a temi come: la fecondazione assistita, l'ingegneria genetica, la clonazione, il trapianto di organi, l'eutanasia, l'uso di animali nella ricerca scientifica.
- Discutere il ruolo della bioetica nel guidare lo sviluppo e l'utilizzo responsabile delle tecnologie biomediche.

L'etica digitale e la responsabilità sociale:

- Definire l'etica digitale come il campo di studio che si occupa delle implicazioni etiche dell'utilizzo delle tecnologie digitali e di Internet.
- Analizzare le questioni etiche legate a temi come: la privacy online, la sicurezza dei dati, la diffusione di disinformazione, il cyberbullismo, l'utilizzo dell'intelligenza artificiale.
- Discutere il ruolo delle imprese tecnologiche, degli Stati e della società civile nella promozione di un utilizzo responsabile delle tecnologie digitali.

La giustizia sociale e la lotta alle discriminazioni:

- Definire la giustizia sociale come il principio che tutti gli individui hanno diritto a un trattamento equo e giusto, indipendentemente da razza, genere, orientamento sessuale, classe sociale, religione o disabilità.
- Analizzare i diversi tipi di discriminazione che esistono nella società contemporanea: discriminazione razziale, discriminazione di genere, discriminazione economica, discriminazione per disabilità.
- Discutere il ruolo dei movimenti sociali, delle istituzioni e dei cittadini nella lotta contro la discriminazione e nella promozione della giustizia sociale.

Conclusione:

- Riassegnare i punti chiave affrontati nella trattazione.
- Sottolineare l'importanza di un dibattito etico e morale continuo per affrontare le sfide etiche che si presentano nella società contemporanea.
- Invitare a un impegno collettivo per promuovere una società più giusta e equa, basata su principi etici solidi e sul rispetto della dignità di ogni individuo.

SVILUPPO TRACCIA

L'Etica: Una Bussola in un Mondo in Continuo Cambiamento

L'etica, l'insieme di principi che guidano il comportamento umano e definiscono il bene e il male, il giusto e l'ingiusto, è un elemento fondamentale per la costruzione di una società giusta e armonica. In un mondo in continua evoluzione, caratterizzato da profondi cambiamenti sociali, culturali e tecnologici, l'etica assume un ruolo sempre più rilevante, invitandoci a riflettere sui valori fondamentali che ci guidano e a trovare soluzioni etiche alle sfide che si presentano.

Valori in Evoluzione: La globalizzazione, la tecnologia e i nuovi modelli sociali hanno influenzato profondamente l'evoluzione dei valori e delle norme morali. La diffusione di idee e culture diverse ha portato a nuovi dibattiti etici su temi come i diritti LGBTQ+, il ruolo delle donne nella società, il rapporto con l'ambiente e l'immigrazione. L'accesso alle informazioni e alle diverse prospettive ha permesso a sempre più persone di mettere in questione i valori tradizionali e di rivendicare una maggiore giustizia sociale e equità.

La Bioetica: Sfide per il Futuro dell'Uomo: La bioetica, il campo di studio che si occupa delle implicazioni etiche delle scienze biomediche, si trova ad affrontare sfide sempre più complesse. L'ingegneria genetica, la clonazione, la fecondazione assistita, il trapianto di organi, l'eutanasia e l'uso di animali nella ricerca scientifica sono temi che sollevano questioni etiche fondamentali sulla vita, la morte, la dignità umana e il ruolo della scienza nella società.

L'Etica Digitale: Un Nuovo Fronte: L'etica digitale si occupa delle implicazioni etiche dell'utilizzo delle tecnologie digitali e di Internet. La privacy online, la sicurezza dei dati, la diffusione di disinformazione, il cyberbullismo e l'utilizzo dell'intelligenza artificiale sollevano questioni etiche complesse che riguardano la libertà di espressione, la responsabilità sociale e il rispetto della dignità umana. È fondamentale sviluppare un quadro etico che guidi lo sviluppo e l'utilizzo responsabile delle tecnologie digitali.

La Giustizia Sociale: Un Principio Fondamentale: La giustizia sociale è un principio fondamentale che afferma il diritto di tutti gli individui a un trattamento equo e giusto, indipendentemente da razza, genere, orientamento sessuale, classe sociale, religione o disabilità. La lotta contro la discriminazione e l'esclusione sociale è una sfida costante in ogni società. È necessario promuovere l'uguaglianza di opportunità e il rispetto dei diritti di tutti gli individui per costruire una società più giusta e equa.

Un Impegno Collettivo: L'etica è una bussola che ci guida in un mondo in continuo cambiamento. È necessario un dibattito etico continuo per affrontare le sfide etiche che si presentano nella società contemporanea. Il ruolo delle istituzioni, dei media e della società civile è fondamentale per promuovere la riflessione etica, per sensibilizzare l'opinione pubblica e per costruire una società più giusta e equa.

Il futuro del lavoro e la disoccupazione: l'impatto dell'automazione e della robotica sul lavoro; le politiche per contrastare la disoccupazione; la formazione e il riqualificazione professionale; l'economia collaborativa e il lavoro autonomo.

SCALETTA

Introduzione:

- Definire il concetto di "futuro del lavoro" e sottolineare i cambiamenti radicali che stanno trasformando il mondo del lavoro, tra cui l'automazione e la robotica.
- Evidenziare la crescente preoccupazione per la disoccupazione e le sfide legate alla riqualificazione della forza lavoro.
- Presentare gli aspetti che saranno analizzati: impatto dell'automazione, politiche per contrastare la disoccupazione, formazione e riqualificazione, economia collaborativa e lavoro autonomo.

L'impatto dell'automazione e della robotica sul lavoro:

- Analizzare l'influenza crescente dell'automazione e della robotica in diversi settori: produzione industriale, trasporti, servizi, assistenza sanitaria.
- Discutere i vantaggi dell'automazione: aumento della produttività, riduzione dei costi, maggiore sicurezza e precisione nei processi lavorativi.
- Evidenziare le possibili conseguenze negative: perdita di posti di lavoro, aumento della disuguaglianza sociale, nuove forme di precariato.

Politiche per contrastare la disoccupazione:

- Discutere le politiche per contrastare la disoccupazione legate all'automazione:
    - Investimenti nella ricerca e nell'innovazione tecnologica.
    - Sviluppo di nuove politiche di welfare e di sostegno al reddito.
    - Promuovere la creazione di nuovi posti di lavoro in settori emergenti.
- Riflettere sul ruolo dello stato e delle imprese nell'adattare il mercato del lavoro ai cambiamenti in corso.

Formazione e riqualificazione professionale:

- Sottolineare l'importanza della formazione e della riqualificazione professionale per adattarsi alle nuove esigenze del mercato del lavoro.
- Analizzare le nuove competenze richieste per lavorare in un contesto automatizzato:
    - Competenze digitali, problem solving, creatività e capacità di adattamento.
    - Importanza della formazione continua e lifelong learning.

- Discutere il ruolo delle istituzioni educative e delle aziende nell'offrire programmi di formazione e riqualificazione.

L'economia collaborativa e il lavoro autonomo:

- Definire l'economia collaborativa e il lavoro autonomo, evidenziando la crescita di nuovi modelli di lavoro basati sulla flessibilità, l'autonomia e la condivisione.
- Analizzare i vantaggi e gli svantaggi del lavoro autonomo:
  - Maggiore flessibilità, autonomia e possibilità di autorealizzazione.
  - Necessità di autogestione, instabilità del reddito e assenza di tutele.
- Discutere il ruolo dello Stato e delle organizzazioni nel regolare e sostenere il lavoro autonomo.

Conclusione:

- Riassegnare i punti chiave affrontati nella trattazione.
- Sottolineare la necessità di un approccio proattivo e responsabile per affrontare le sfide legate al futuro del lavoro.
- Invitare a un impegno collettivo per promuovere la formazione, la riqualificazione e l'innovazione tecnologica al servizio di un mercato del lavoro più equo e sostenibile.

SVILUPPO TRACCIA

Il Futuro del Lavoro: Un Paesaggio in Trasformazione Tra Sviluppo e Sfide

Il mondo del lavoro sta subendo una trasformazione senza precedenti, guidata dall'avanzamento tecnologico e dall'automazione sempre più diffusa. L'utilizzo di robot e sistemi automatici sta rivoluzionando i processi produttivi e i modelli di lavoro tradizionali, creando nuove opportunità di innovazione ma anche sollevando questioni complesse legate alla disoccupazione e alla riqualificazione della forza lavoro. Il futuro del lavoro è un paesaggio in continuo movimento, dove la tecnologia offre nuove possibilità, ma richiedere un approccio responsabile e un impegno collettivo per affrontare le sfide e garantire un futuro più equo e inclusivo.

L'Impatto dell'Automazione: L'automazione è in crescita in numerosi settori, dalla produzione industriale ai servizi. I robot sono sempre più in grado di svolgere compiti ripetitivi, pericolosi o che richiedono un elevato livello di precisione, migliorando l'efficienza e riducendo i costi di produzione. Tuttavia, questo avanzamento tecnologico porta con sé la possibilità di perdita di posti di lavoro in settori tradizionali e l'aumento della disuguaglianza sociale, con una maggiore concentrazione di posti di lavoro qualificati e una crescente precarietà per i lavoratori meno specializzati.

Le Sfide della Disoccupazione: La disoccupazione legata all'automazione è una sfida reale e complessa. È necessario sviluppare strategie per contrastare questo fenomeno, investire nella formazione e nella riqualificazione della forza lavoro e promuovere la creazione di nuovi posti di lavoro in settori emergenti legati all'innovazione tecnologica. Il ruolo dello stato e delle imprese è fondamentale per adattare il mercato del lavoro ai cambiamenti in corso, offrendo opportunità di formazione e riqualificazione per i lavoratori che perdono il posto di lavoro e preparando le future generazioni alle nuove esigenze del mercato.

Competenze per il Futuro: Il mondo del lavoro del futuro richiederà nuove competenze e abilità. Oltre alle competenze tecniche, sarà fondamentale sviluppare competenze trasversali come la creatività, il problem solving, la comunicazione e la capacità di adattamento. La formazione continua e il lifelong learning diventeranno sempre più importanti per restare competitivi in un mercato del lavoro in costante evoluzione.

L'Economia Collaborativa e il Lavoro Autonomo: L'economia collaborativa e il lavoro autonomo sono in crescita, offrendo nuove opportunità di lavoro flessibile e indipendente. Piattaforme online permettono di trovare lavoro come freelancer, di offrire servizi in modo autonomo e di creare nuovi modelli di business. Questa nuova forma di lavoro offre maggiore flessibilità e autonomia, ma presenta anche sfide legate all'instabilità del reddito, alla mancanza di tutele e alla necessità di autogestione.

Un Impegno Collettivo: Il futuro del lavoro è un tema che richiede un approccio responsabile e un impegno collettivo da parte di governi, imprese e individui. Investire nella formazione e nella riqualificazione della forza lavoro, promuovere l'innovazione tecnologica al servizio del lavoro e sviluppare nuovi modelli di welfare e di protezione sociale sono fondamentali per costruire un futuro del lavoro più equo, inclusivo e sostenibile.

L'accesso all'informazione e la lotta alla disinformazione: il ruolo dei media nell'era digitale; la diffusione di notizie false e la manipolazione dell'informazione; la necessità di educazione critica e di verifica delle fonti.

SCALETTA

Introduzione:

- Definire il concetto di "accesso all'informazione" e la sua importanza nella società moderna, evidenziando il ruolo cruciale che gioca nella formazione dei cittadini e nella partecipazione democratica.
- Sottolineare le sfide che emergono nell'era digitale, come la diffusione di notizie false e la manipolazione dell'informazione.
- Presentare gli aspetti che saranno analizzati: il ruolo dei media, la disinformazione, l'educazione critica e la verifica delle fonti.

Il ruolo dei media nell'era digitale:

- Discutere l'evoluzione dei media nell'era digitale: da media tradizionali a social media, piattaforme online, blog, podcast e nuove forme di comunicazione.
- Analizzare il ruolo dei media nel fornire informazioni, formare l'opinione pubblica e influenzare il dibattito sociale e politico.
- Evidenziare i vantaggi dell'accesso all'informazione online: facilità di accesso, ampia gamma di fonti, possibilità di interagire con i media e di condividere informazioni.

La diffusione di notizie false e la manipolazione dell'informazione:

- Definire la disinformazione come la diffusione di informazioni false o deformate con l'intenzione di ingannare o di manipolare l'opinione pubblica.
- Analizzare le cause della disinformazione: l'interesse politico, la propaganda, la volontà di influenzare le scelte degli utenti, la diffusione di teorie del complotto.
- Discutere le conseguenze della disinformazione: l'erosione della fiducia nelle istituzioni e nei media, la polarizzazione sociale, l'influenza sulle decisioni elettorali.

La necessità di educazione critica e di verifica delle fonti:

- Sottolineare l'importanza di un'educazione critica all'informazione, che consenta ai cittadini di distinguere le notizie vere da quelle false.
- Discutere le tecniche di verifica delle fonti: controllare l'autorevolezza del sito web, verificare la data di pubblicazione, cercare informazioni su diverse fonti.
- Evidenziare il ruolo degli educatori, delle istituzioni e dei media nel promuovere l'educazione critica all'informazione e nella lotta contro la disinformazione.

Conclusione:

- Riassegnare i punti chiave affrontati nella trattazione.
- Sottolineare l'importanza dell'accesso all'informazione per una società democratica e informata.
- Invitare a un impegno collettivo per combattere la disinformazione, promuovere l'educazione critica e sviluppare strategie per garantire un accesso all'informazione affidabile e obiettiva.

SVILUPPO TRACCIA

L'Informazione nell'Era Digitale: Tra Libertà e Disinformazione

Viviamo nell'era dell'informazione, un mondo dove l'accesso a una enorme quantità di dati è a portata di click. Questo progresso ha rivoluzionato il modo in cui ci informiamo, interagiamo con il mondo e prendiamo decisioni. Tuttavia, questa ondata di informazione porta con sé anche sfide complesse, come la diffusione di notizie false e la manipolazione dell'informazione, minacciando la libertà e l'obiettività del dibattito pubblico.

Il Ruolo Evolvente dei Media: I media hanno sempre giocato un ruolo fondamentale nella società, fornendo informazioni, formando l'opinione pubblica e influenzando il dibattito sociale e politico. Nell'era digitale, l'evoluzione dei media è stata rivoluzionaria. Da media tradizionali come la stampa, la radio e la televisione, siamo passati a un panorama mediatico frammentato e pluralistico, con social media, piattaforme online, blog e podcast che hanno trasformato il modo in cui accediamo all'informazione. Questo cambiamento offre vantaggi notevoli, come la facilità di accesso a una vasta gamma di fonti, la possibilità di interagire con i media e di condividere informazioni. Tuttavia, questa abbondanza di informazione porta anche a nuove sfide, come la disinformazione e la difficoltà di distinguere le notizie vere da quelle false.

La Disinformazione: Un Nemico della Verità: La disinformazione, la diffusione di notizie false o deformate con l'intenzione di ingannare o di manipolare l'opinione pubblica, è un fenomeno in crescita nell'era digitale. La facilità di condivisione di informazioni su Internet e la proliferazione di siti web e account social non affidabili hanno creato un ambiente in cui le notizie false possono diffondersi rapidamente e raggiungere un pubblico vasto. Le cause della disinformazione sono molteplici: interessi politici, propaganda, desiderio di influenzare le scelte degli utenti e diffusione di teorie del complotto. Le conseguenze della disinformazione sono grave: erosione della fiducia nelle istituzioni e nei media, polarizzazione sociale, influenza sulle decisioni elettorali e minaccia alla democrazia.

L'Educazione Critica come Antidote: L'educazione critica all'informazione è fondamentale per combattere la disinformazione. Insegnare ai cittadini come distinguere le notizie vere da quelle false, come verificare le fonti e come interpretare criticamente le informazioni è un compito fondamentale per preservare la libertà di espressione e la democrazia. È necessario incoraggiare l'abitudine di controllare l'autorevolezza del sito web, verificare la data di pubblicazione, cercare informazioni su diverse fonti e riflettere criticamente sul contesto in cui le informazioni vengono presentate.

Il Futuro dell'Informazione: Il futuro dell'informazione dipenderà dalla capacità di promuovere un'educazione critica e di sviluppare strategie per garantire un accesso all'informazione affidabile e obiettiva. L'impegno di educatori, istituzioni e media è fondamentale per diffondere la consapevolezza sui rischi della disinformazione e per incoraggiare un approccio critico all'informazione. È fondamentale che i cittadini siano in grado di distinguere la verità dalla falsità, di interpretare criticamente le informazioni e di partecipare attivamente al dibattito pubblico, basandosi su fonti affidabili e su una profonda comprensione dei fatti. Solo in questo modo potremo costruire una società più informata, consapevole e democratica.

La sostenibilità alimentare: la sicurezza alimentare globale; l'impatto ambientale dell'agricoltura industriale; l'agricoltura biologica e sostenibile; la lotta allo spreco alimentare.

SCALETTA

Introduzione:

- Definire il concetto di sostenibilità alimentare, evidenziando l'importanza di un sistema alimentare che sia in grado di produrre cibo a sufficienza per tutti in modo equo e sostenibile per l'ambiente.
- Sottolineare le sfide legate alla sicurezza alimentare globale, alla crescita della popolazione e al cambiamento climatico.
- Presentare gli aspetti che saranno analizzati: sicurezza alimentare, impatto dell'agricoltura industriale, agricoltura biologica e sostenibile, lotta allo spreco alimentare.

La sicurezza alimentare globale:

- Discutere il concetto di sicurezza alimentare, che implica l'accesso a cibo sufficiente, sicuro e nutriente per tutti.
- Analizzare le sfide alla sicurezza alimentare globale: povertà, disuguaglianze, conflitti, cambiamenti climatici, scarsità di acqua, degrado dei suoli.
- Riflettere sull'importanza di un sistema alimentare più equo e sostenibile per garantire la sicurezza alimentare per tutti.

L'impatto ambientale dell'agricoltura industriale:

- Spiegare il modello dell'agricoltura industriale, caratterizzato da produzione intensiva, uso di fertilizzanti e pesticidi, allevamenti intensivi e monoculture.
- Analizzare l'impatto negativo dell'agricoltura industriale sull'ambiente: inquinamento delle acque, degrado dei suoli, emissioni di gas serra, perdita di biodiversità.
- Discutere le conseguenze negative dell'agricoltura industriale sulla salute umana, come la diffusione di resistenza agli antibiotici e l'aumento di malattie legate al cibo.

L'agricoltura biologica e sostenibile:

- Definire l'agricoltura biologica e sostenibile, caratterizzata da pratiche agricole che rispettano l'ambiente, la salute umana e la biodiversità.
- Analizzare i vantaggi dell'agricoltura biologica e sostenibile: riduzione dell'inquinamento, miglioramento della fertilità del suolo, produzione di cibo più sano, supporto alla biodiversità.
- Discutere le sfide legate alla diffusione dell'agricoltura biologica e sostenibile: costi più alti, disponibilità limitata, necessità di investimenti in ricerca e innovazione.

La lotta allo spreco alimentare:

- Evidenziare il problema dello spreco alimentare, che comporta la perdita di cibo in tutte le fasi della filiera alimentare, dalla produzione al consumo.
- Analizzare le cause dello spreco alimentare: scarso controllo della produzione, sistemi di distribuzione inefficienti, abitudini di consumo irresponsabili.
- Discutere le conseguenze dello spreco alimentare: perdita di risorse, aumento delle emissioni di gas serra, dispersione di cibo commestibile, aumento dei costi alimentari.

Conclusione:

- Riassegnare i punti chiave affrontati nella trattazione.
- Sottolineare l'importanza di un approccio sostenibile all'alimentazione per garantire la sicurezza alimentare globale e proteggere l'ambiente.
- Invitare a un impegno collettivo per promuovere l'agricoltura biologica e sostenibile, ridurre lo spreco alimentare e costruire un sistema alimentare più equo e sostenibile per tutti.

SVILUPPO TRACCIA

La Sostenibilità Alimentare: Un Piatto da Condividere per un Futuro Sostenibile

Il cibo è un diritto fondamentale, un elemento essenziale per la vita e il benessere di ogni individuo. Tuttavia, il sistema alimentare globale è in crisi, con sfide complesse legate alla sicurezza alimentare, all'impatto ambientale e allo spreco di cibo. La sostenibilità alimentare diventa quindi un tema centrale per costruire un futuro in cui tutti abbiano accesso a cibo sufficiente, nutriente e prodotto in modo responsabile per il pianeta.

La Sfida della Sicurezza Alimentare: La popolazione mondiale è in crescita e con essa cresce il bisogno di cibo. Tuttavia, il sistema alimentare attuale non è in grado di garantire la sicurezza alimentare per tutti. La povertà, le disuguaglianze, i conflitti e i cambiamenti climatici sono fattori che minacciano l'accesso a cibo sufficiente e nutriente. È necessario sviluppare strategie per aumentare la produzione di cibo in modo sostenibile, migliorare i sistemi di distribuzione e combattere la povertà e le disuguaglianze per garantire che tutti abbiano accesso a un'alimentazione adeguata.

L'Impatto Ambientale dell'Agricoltura Industriale: L'agricoltura industriale, caratterizzata da produzione intensiva, uso di fertilizzanti e pesticidi, allevamenti intensivi e monoculture, ha un impatto negativo significativo sull'ambiente. L'inquinamento delle acque, il degrado dei suoli, le emissioni di gas serra e la perdita di biodiversità sono solo alcune delle conseguenze negative di questo modello produttivo. Inoltre, l'uso eccessivo di antibiotici negli allevamenti intensivi contribuisce alla diffusione di resistenza agli antibiotici, con implicazioni per la salute umana.

L'Agricoltura Biologica e Sostenibile: Un Nuovo Approccio: L'agricoltura biologica e sostenibile offre un'alternativa più responsabile per l'ambiente e per la salute umana. Queste pratiche agricole riducono l'inquinamento, migliorano la fertilità del suolo, producono cibo più sano e supportano la biodiversità. L'agricoltura biologica si basa su principi di rotazione delle colture, utilizzo di fertilizzanti naturali, allevamento all'aperto e lotta biologica ai parassiti. Tuttavia, la diffusione di queste pratiche affronta sfide legate ai costi più alti e alla disponibilità limitata di prodotti biologici.

Combattere lo Spreco Alimentare: Lo spreco alimentare è un problema globale che comporta la perdita di cibo in tutte le fasi della filiera alimentare, dalla produzione al consumo. La scarsità di controllo della produzione, sistemi di distribuzione inefficienti e abitudini di consumo irresponsabili contribuiscono alla dispersione di cibo commestibile. Lo spreco alimentare ha conseguenze negative per l'ambiente, con un aumento delle emissioni di gas serra e la perdita di risorse preziose. Inoltre, lo spreco alimentare aumenta i costi alimentari e contribuisce alla insicurezza alimentare.

Un Impegno Collettivo: La sostenibilità alimentare è una sfida che richiede un impegno collettivo da parte di governi, aziende e cittadini. È necessario investire in ricerca e innovazione per sviluppare tecnologie e pratiche agricole più sostenibili, promuovere l'agricoltura biologica e sostenibile, migliorare i sistemi di distribuzione e di logistica e sensibilizzare i consumatori all'importanza di un consumo consapevole e responsabile. È fondamentale ridurre lo spreco alimentare in tutte le fasi della filiera, adottando un approccio più attento alla produzione, alla distribuzione e al consumo del cibo. Solo attraverso un impegno collettivo possiamo costruire un sistema alimentare più sostenibile e equo, in grado di garantire un futuro più sicuro e prospero per l'umanità e per il pianeta.

La crisi energetica: le sfide per la transizione energetica; le fonti di energia rinnovabile e la lotta ai cambiamenti climatici; le politiche energetiche e le implicazioni economiche e sociali.

SCALETTA

Introduzione:

- Definire la crisi energetica come la situazione di crescente domanda di energia e di scarsità di risorse energetiche tradizionali, come petrolio, gas naturale e carbone.
- Sottolineare l'impatto della crisi energetica sull'ambiente, sull'economia e sulla società.
- Presentare gli aspetti che saranno analizzati: le sfide per la transizione energetica, le fonti di energia rinnovabile, le politiche energetiche, le implicazioni economiche e sociali.

Le sfide per la transizione energetica:

- Discutere la necessità di un passaggio da un modello energetico basato su fonti fossili a un modello basato su fonti rinnovabili e sostenibili.
- Analizzare le sfide legate alla transizione energetica: il costo di investimento nelle tecnologie rinnovabili, la gestione dell'intermittenza delle fonti rinnovabili, la necessità di infrastrutture adatte, l'impatto sociale e lavorativo.
- Riflettere sul ruolo delle politiche pubbliche e degli investitori privati nella promozione della transizione energetica.

Le fonti di energia rinnovabile e la lotta ai cambiamenti climatici:

- Elencare le principali fonti di energia rinnovabile: energia solare, energia eolica, energia geotermica, energia idroelettrica, biomasse.
- Analizzare i vantaggi delle energie rinnovabili: sostenibilità ambientale, riduzione delle emissioni di gas serra, indipendenza energetica, creazione di nuovi posti di lavoro.
- Discutere le sfide legate all'utilizzo delle energie rinnovabili: l'intermittenza delle fonti (ad esempio, il sole non splende sempre), la necessità di accumulare l'energia prodotta, l'impatto visivo e ambientale delle infrastrutture.

Le politiche energetiche e le implicazioni economiche e sociali:

- Discutere il ruolo delle politiche energetiche nella promozione della transizione energetica: incentivi economici, regole per la produzione e il consumo di energia, investimenti in ricerca e innovazione.
- Analizzare le implicazioni economiche della transizione energetica: creazione di nuovi settori industriali, aumento dell'occupazione, riduzione della dipendenza da fonti fossili importate.

- Riflettere sull'impatto sociale della transizione energetica: la necessità di riqualificazione della forza lavoro, le sfide legate alla distribuzione dei benefici della transizione energetica.

Conclusione:

- Riassegnare i punti chiave affrontati nella trattazione.
- Sottolineare l'urgenza di affrontare la crisi energetica e di promuovere la transizione energetica per proteggere l'ambiente e garantire un futuro più sostenibile.
- Invitare a un impegno collettivo da parte di governi, imprese e cittadini per promuovere l'innovazione tecnologica, le energie rinnovabili e politiche energetiche efficaci.

SVILUPPO TRACCIA

La Crisi Energetica: Un Bivio Verso un Futuro Sostenibile

Il mondo si trova ad affrontare una crisi energetica senza precedenti. La crescente domanda di energia, alimentata dalla crescita della popolazione e dall'industrializzazione, si scontra con la scarsità di risorse energetiche tradizionali, come petrolio, gas naturale e carbone. Questa crisi ha implicazioni significative per l'ambiente, l'economia e la società, mettendo in discussione il modello energetico attuale e spingendo verso la necessità di un cambio di rotta verso un futuro più sostenibile.

La Sfida della Transizione Energetica: Il passaggio da un modello energetico basato su fonti fossili a un modello basato su fonti rinnovabili e sostenibili è una sfida complessa. Il costo di investimento nelle tecnologie rinnovabili, come l'energia solare e eolica, è ancora elevato, e la gestione dell'intermittenza delle fonti rinnovabili (ad esempio, l'energia solare non è disponibile di notte) presenta difficoltà tecnologiche e logistiche. Inoltre, la transizione energetica richiede una ristrutturazione delle infrastrutture energetiche esistenti, con investimenti massicci in reti di trasmissione, sistemi di accumulo e tecnologie di efficienza energetica.

L'Energia Rinnovabile: Una Soluzione Possibile: Le fonti di energia rinnovabile offrono un'alternativa sostenibile ai combustibili fossili. L'energia solare, l'energia eolica, l'energia geotermica e l'energia idroelettrica sono fonti di energia pulita e rinnovabile che possono contribuire a ridurre le emissioni di gas serra e a combattere i cambiamenti climatici. Tuttavia, l'utilizzo di queste fonti energetiche presenta sfide legate all'intermittenza delle fonti, alla necessità di accumulare l'energia prodotta e all'impatto visivo e ambientale delle infrastrutture.

Le Politiche Energetiche: Un Ruolo Fondamentale: Le politiche energetiche giocano un ruolo fondamentale nella promozione della transizione energetica. Gli incentivi economici per l'investimento nelle tecnologie rinnovabili, le regole per la produzione e il consumo di energia sostenibile e gli investimenti in ricerca e innovazione sono strumenti essenziali per favorire lo sviluppo di un sistema energetico più sostenibile. Tuttavia, la transizione energetica ha anche implicazioni economiche e sociali significative. La creazione di nuovi settori industriali legati alle energie rinnovabili porta a nuove opportunità di lavoro, ma richiede anche un adattamento della forza lavoro e un processo di riqualificazione per i lavoratori dei settori tradizionali.

Un Futuro Energetico Più Equo: La transizione energetica non deve essere un processo che esclude nessuno. È necessario sviluppare politiche che garantiscano un accesso equo all'energia sostenibile per tutti, senza lasciare nessuno indietro. Questo implica investire nelle comunità più vulnerabili, promuovere l'inclusione sociale e assicurarsi che i benefici della transizione energetica siano equamente distribuiti.

La crisi energetica è un bivio cruciale per il futuro del pianeta. È necessario un impegno collettivo da parte di governi, imprese e cittadini per promuovere l'innovazione tecnologica, le energie rinnovabili e politiche energetiche efficaci. Solo in questo modo potremo costruire un futuro energetico più sostenibile, equo e prospero per tutti.

Politica e Economia

Geopolitica e conflitti internazionali: le tensioni geopolitiche globali; le crisi internazionali e i conflitti armati; il ruolo delle potenze globali; il multilateralismo e la diplomazia; le sfide per la pace e la sicurezza internazionale.

SCALETTA

Introduzione:

- Definire il concetto di geopolitica e il suo legame con i conflitti internazionali, spiegando come le relazioni tra stati, le risorse, la posizione geografica e gli interessi economici influenzano le dinamiche globali.
- Sottolineare la complessità delle relazioni internazionali e la crescente instabilità del mondo contemporaneo.
- Presentare gli aspetti che saranno analizzati: tensioni geopolitiche, crisi internazionali e conflitti armati, ruolo delle potenze globali, multilateralismo e diplomazia, sfide per la pace e la sicurezza internazionale.

Le tensioni geopolitiche globali:

- Descrivere le principali tensioni geopolitiche attuali, come la rivalità tra Stati Uniti e Cina, la crisi ucraina, la tensione tra Iran e Stati Uniti, il conflitto israelo-palestinese.
- Analizzare i fattori che alimentano queste tensioni: interessi economici, controllo delle risorse, conflitti ideologici, differenze culturali, corsa agli armamenti.
- Discutere le implicazioni di queste tensioni per la pace e la sicurezza internazionale.

Le crisi internazionali e i conflitti armati:

- Definire le diverse tipologie di conflitti armati: conflitti interstatali, conflitti intrastatali, guerre civili, conflitti etnici, terrorismo.
- Analizzare le cause dei conflitti: controllo delle risorse, differenze ideologiche, discriminazioni, rivalità etniche, imperialismo.
- Evidenziare l'impatto dei conflitti armati: perdita di vite umane, danni economici, crisi umanitarie, instabilità politica, migrazioni forzate.

Il ruolo delle potenze globali:

- Discutere il ruolo delle potenze globali (Stati Uniti, Cina, Russia, Europa) nel contesto internazionale, analizzando i loro interessi, le loro strategie e il loro impatto sulle dinamiche globali.
- Esaminare l'influenza delle potenze globali sui conflitti, le relazioni internazionali, la politica economica e la sicurezza internazionale.
- Riflettere sul ruolo delle potenze emergenti e sulla riconfigurazione del potere globale.

Multilateralismo e diplomazia:

- Spiegare il concetto di multilateralismo e il suo ruolo nella gestione dei conflitti e nella promozione della pace.
- Discutere le organizzazioni internazionali come l'ONU, la NATO, l'Unione Europea e il loro ruolo nel promuovere la cooperazione internazionale, la risoluzione dei conflitti e il rispetto del diritto internazionale.
- Evidenziare l'importanza della diplomazia, del dialogo e della negoziazione nella risoluzione pacifica dei conflitti.

Le sfide per la pace e la sicurezza internazionale:

- Analizzare le sfide contemporanee per la pace e la sicurezza internazionale: proliferazione nucleare, terrorismo internazionale, criminalità organizzata, conflitti etnici, migrazioni forzate.
- Discutere le minacce emergenti come il cyberwarfare, la destabilizzazione del cyberspazio e le implicazioni per la sicurezza internazionale.
- Riflettere sul ruolo della tecnologia e dell'innovazione nel contesto della sicurezza internazionale.

Conclusione:

- Riassegnare i principali punti affrontati nella trattazione.
- Sottolineare la necessità di un impegno continuo per la promozione della pace, del dialogo e della cooperazione internazionale.
- Invitare a un approccio multidisciplinare alle sfide della sicurezza globale, che coinvolga governi, organizzazioni internazionali, società civile e cittadini.

SVILUPPO TRACCIA

Geopolitica e Conflitti Internazionali: Un Mondo in Equilibrio Precario

Il mondo contemporaneo è un palcoscenico complesso e mutevole, dove le relazioni tra stati, le risorse, le posizioni geografiche e gli interessi economici si intrecciano in un gioco di potere e di strategie. La geopolitica, con la sua analisi delle relazioni internazionali, diventa fondamentale per comprendere le tensioni, le crisi e i conflitti che caratterizzano il mondo di oggi.

Un equilibrio fragile: Il mondo è attraversato da tensioni geopolitiche che mettono a rischio la pace e la sicurezza internazionale. La rivalità tra Stati Uniti e Cina per la supremazia globale, la crisi ucraina e l'annessione della Crimea da parte della Russia, la tensione tra Iran e Stati Uniti, il conflitto israelo-palestinese e i conflitti in corso in Siria, Yemen e Libia sono solo alcuni esempi di come il mondo si trovi in un equilibrio precario. L'accesso alle risorse energetiche, i conflitti ideologici, le differenze culturali, la corsa agli armamenti e le ambizioni di dominio territoriale alimentano queste tensioni, creando un clima di instabilità e di crescente incertezza.

La guerra come ultima risorsa: I conflitti armati, seppur in diminuzione rispetto al passato, rimangono una realtà drammatica in molte parti del mondo. Guerre civili, conflitti etnici, terrorismo e guerriglie rappresentano una minaccia alla pace e alla sicurezza. Le guerre hanno un impatto devastante sulle popolazioni: perdita di vite umane, danni economici, crisi umanitarie, migrazioni forzate e instabilità politica. Le cause dei conflitti sono molteplici e complesse: la competizione per le risorse, le differenze ideologiche, le discriminazioni, le rivalità etniche, l'imperialismo e la ricerca di potere sono tra i principali fattori che innescano i conflitti.

Il ruolo delle potenze globali: Il mondo è dominato da un piccolo numero di potenze globali: Stati Uniti, Cina, Russia ed Europa. Queste potenze, con la loro influenza politica, economica e militare, esercitano un'enorme influenza sulle relazioni internazionali. I loro interessi, le loro strategie e le loro alleanze plasmano le dinamiche globali, influenzando l'andamento dei conflitti, le politiche internazionali e la sicurezza globale. L'ascesa di nuove potenze, come la Cina, sta riconfigurando l'equilibrio del potere globale, creando nuove tensioni e sfide.

Multilateralismo e diplomazia: un faro di speranza: Il multilateralismo, con la sua promozione di un sistema di cooperazione internazionale, rappresenta una speranza per la pace e la sicurezza globale. Le organizzazioni internazionali, come l'ONU, la NATO e l'Unione Europea, svolgono un ruolo cruciale nel promuovere il dialogo, la risoluzione pacifica dei conflitti, il rispetto del diritto internazionale e la collaborazione tra stati. La diplomazia, con la sua capacità di negoziazione e di mediazione, è uno strumento fondamentale per prevenire i conflitti e risolvere le controversie in modo pacifico.

Sfide per un futuro di pace: Il mondo contemporaneo è caratterizzato da nuove sfide per la pace e la sicurezza internazionale: la proliferazione nucleare, il terrorismo internazionale, la criminalità organizzata, i conflitti etnici, le migrazioni forzate e la destabilizzazione del cyberspazio. La crescente influenza della tecnologia e dell'innovazione, con la possibilità di cyberwarfare e l'utilizzo di armi autonome, crea nuove minacce e pone nuove sfide per la sicurezza globale.

Un mondo in transizione: La geopolitica e i conflitti internazionali sono un terreno in costante evoluzione. Il mondo è in transizione, con nuove potenze emergenti, nuove sfide e nuove minacce. Per costruire un futuro di pace e di sicurezza, è fondamentale un impegno continuo per il multilateralismo, per il dialogo, per la diplomazia e per il rispetto del diritto internazionale. La collaborazione tra stati, organizzazioni internazionali, società civile e cittadini è essenziale per affrontare le sfide globali e per creare un mondo più pacifico e stabile.

Globalizzazione e integrazione economica: i vantaggi e gli svantaggi della globalizzazione; il ruolo del commercio internazionale; le politiche economiche globali; le sfide per la competitività e lo sviluppo sostenibile.

SCALETTA

Introduzione:

- Definire il concetto di globalizzazione economica, spiegando come le economie del mondo sono sempre più interconnesse.
- Sottolineare l'influenza della globalizzazione su diversi aspetti della vita: commercio, investimenti, tecnologia, cultura, lavoro.
- Presentare gli aspetti che saranno analizzati: vantaggi e svantaggi della globalizzazione, ruolo del commercio internazionale, politiche economiche globali, sfide per la competitività e lo sviluppo sostenibile.

Vantaggi della globalizzazione:

- Discutere i benefici della globalizzazione economica: aumento del commercio internazionale, crescita economica, scambio di idee e tecnologie, riduzione dei prezzi dei beni e dei servizi, aumento del benessere generale.
- Evidenziare come la globalizzazione ha contribuito a ridurre la povertà e a migliorare le condizioni di vita di milioni di persone.
- Fornire esempi di settori beneficiati dalla globalizzazione, come l'industria manifatturiera, l'informatica e il turismo.

Svantaggi della globalizzazione:

- Analizzare gli aspetti negativi della globalizzazione economica: disuguaglianza sociale, perdita di posti di lavoro in alcuni paesi, sfruttamento dei lavoratori, delocalizzazione delle produzioni, impatto ambientale.
- Discutere le critiche alla globalizzazione, come la perdita di autonomia nazionale, l'influenza delle multinazionali e il rischio di una cultura omogenea.
- Evidenziare le difficoltà di regolamentazione del mercato globale e la mancanza di meccanismi per gestire i conflitti economici.

Il ruolo del commercio internazionale:

- Spiegare come il commercio internazionale è un motore importante della globalizzazione economica.
- Discutere gli accordi commerciali internazionali, come l'OMC (Organizzazione Mondiale del Commercio), e il loro impatto sulle economie nazionali.

- Analizzare le diverse tipologie di scambi commerciali: esportazioni, importazioni, investimenti diretti esteri, commercio elettronico.

Le politiche economiche globali:

- Descrivere le principali politiche economiche globali: politiche monetarie, politiche fiscali, politiche commerciali, regolamentazione finanziaria.
- Analizzare il ruolo delle istituzioni finanziarie internazionali, come il Fondo Monetario Internazionale (FMI) e la Banca Mondiale, nella gestione dell'economia globale.
- Discutere le sfide per la coordinazione delle politiche economiche globali, soprattutto in un contesto di crescente interdipendenza tra le economie.

Sfide per la competitività e lo sviluppo sostenibile:

- Evidenziare le sfide per la competitività delle economie nazionali in un mercato globale: innovazione tecnologica, qualità della forza lavoro, infrastrutture, accesso al capitale.
- Discutere l'importanza dello sviluppo sostenibile per una crescita economica duratura: protezione dell'ambiente, lotta al cambiamento climatico, uso responsabile delle risorse.
- Analizzare le politiche e le strategie per promuovere la competitività e lo sviluppo sostenibile in un contesto di globalizzazione.

Conclusione:

- Riassegnare i principali punti affrontati nella trattazione.
- Sottolineare la complessità della globalizzazione, con i suoi vantaggi e i suoi svantaggi.
- Invitare a un dibattito aperto e critico sulla globalizzazione, che tenga conto delle sfide e delle opportunità che presenta.

SVILUPPO TRACCIA

Globalizzazione: Un Mondo Interconnesso, Tra Opportunità e Sfide

La globalizzazione economica, un fenomeno che ha trasformato radicalmente il mondo negli ultimi decenni, ha portato a un'interconnessione sempre più profonda tra le economie dei diversi paesi. Il flusso di beni, servizi, capitali, idee e persone tra i confini nazionali è aumentato in modo esponenziale, creando un mercato globale in cui le imprese e le persone possono interagire in modo più libero e rapido. Ma la globalizzazione, come ogni processo di trasformazione, porta con sé sia opportunità che sfide, richiedendo un'analisi attenta e un approccio responsabile.

Opportunità e vantaggi: La globalizzazione ha aperto nuove opportunità di crescita economica per molti paesi, con un aumento del commercio internazionale, degli investimenti stranieri e dello scambio di tecnologie. Il libero scambio ha portato a una riduzione dei prezzi dei beni e dei servizi, migliorando il benessere generale delle persone. L'interazione tra culture e idee ha portato a un arricchimento culturale e a un'apertura mentale. La globalizzazione ha contribuito a ridurre la povertà in molte aree del mondo, soprattutto grazie all'aumento del commercio e dell'accesso a nuovi mercati.

Sfide e critiche: Tuttavia, la globalizzazione ha anche generato disuguaglianze sociali, con la concentrazione della ricchezza nelle mani di una piccola élite e la marginalizzazione di ampie fasce della popolazione. La delocalizzazione delle produzioni, la competizione internazionale e l'automazione hanno portato alla perdita di posti di lavoro in alcuni paesi, con un impatto negativo sul mercato del lavoro e sull'occupazione. L'influenza delle grandi multinazionali e la mancanza di regolamentazione hanno portato a forme di sfruttamento dei lavoratori, all'erosione dei diritti sindacali e a un'accentuazione della competizione tra i paesi.

Il ruolo del commercio internazionale: Il commercio internazionale è un motore fondamentale della globalizzazione economica, con un aumento esponenziale degli scambi di beni e servizi tra paesi. Gli accordi commerciali internazionali, come l'Organizzazione Mondiale del Commercio (OMC), hanno contribuito a ridurre le barriere tariffarie e a facilitare il commercio globale. Tuttavia, la deregulation del commercio internazionale ha portato a un aumento della competizione, con possibili conseguenze negative per le economie meno sviluppate.

Politiche economiche globali: La gestione dell'economia globale richiede politiche coordinate a livello internazionale. Le politiche monetarie, fiscali e commerciali dei diversi paesi hanno un impatto significativo sull'economia globale. Istituzioni finanziarie internazionali come il Fondo Monetario Internazionale (FMI) e la Banca Mondiale svolgono un ruolo cruciale nella gestione delle crisi economiche e nello sviluppo dei paesi in via di sviluppo. Tuttavia, le politiche economiche globali sono spesso oggetto di critiche per la loro influenza sui paesi più poveri e per la mancanza di equità nel sistema economico internazionale.

Sfide per la competitività e lo sviluppo sostenibile: La globalizzazione ha reso la competizione tra le economie nazionali sempre più intensa. Per essere competitive, le economie dei diversi paesi devono puntare sull'innovazione tecnologica, sulla formazione della forza lavoro, sulla qualità delle infrastrutture e sull'accesso al capitale. Lo sviluppo sostenibile è una sfida fondamentale per la globalizzazione, con l'obiettivo di conciliare la crescita economica con la protezione ambientale e la giustizia sociale. La lotta al cambiamento climatico, l'uso responsabile delle risorse e la promozione di modelli di consumo sostenibili sono elementi cruciali per un futuro economico più sostenibile.

Un mondo in trasformazione: La globalizzazione è un processo in continua evoluzione, con opportunità e sfide che si modificano nel tempo. Per sfruttare al meglio le opportunità della globalizzazione e mitigare i suoi effetti negativi, è necessario un impegno a livello globale per promuovere la giustizia sociale, lo sviluppo sostenibile, la regolamentazione del mercato e la cooperazione internazionale. La globalizzazione, se gestita in modo responsabile, può contribuire a costruire un futuro più equo e sostenibile per tutti.

L'Unione Europea e il futuro dell'Europa: l'integrazione europea e le sue sfide; il ruolo dell'Unione Europea nel mondo; le prospettive per il futuro; il dibattito sul federalismo e la sovranità nazionale.

SCALETTA

Introduzione:

- Definire l'Unione Europea (UE) come un progetto di integrazione politica ed economica tra stati europei.
- Sottolineare l'evoluzione storica dell'UE, dai primi passi verso l'integrazione economica all'unione politica e monetaria.
- Presentare le sfide e le opportunità che l'UE affronta nel contesto globale e le prospettive per il futuro.

L'integrazione europea e le sue sfide:

- Descrivere i diversi livelli di integrazione europea: mercato unico, unione monetaria, politica comune agricola, politica estera e di sicurezza comune.
- Analizzare le sfide dell'integrazione europea: differenze culturali e linguistiche, disuguaglianze economiche, sovranità nazionale, crisi politiche, crisi migratoria, Brexit.
- Discutere il ruolo delle istituzioni europee (Parlamento Europeo, Commissione Europea, Consiglio Europeo) nel processo di integrazione.

Il ruolo dell'Unione Europea nel mondo:

- Analizzare il ruolo dell'UE nel contesto internazionale: potenza economica, attore politico e diplomatico, promotore dei diritti umani e della democrazia.
- Discutere la politica estera e di sicurezza comune dell'UE e la sua influenza sulle relazioni internazionali.
- Evidenziare il ruolo dell'UE nella cooperazione internazionale e nella gestione delle crisi globali.

Le prospettive per il futuro:

- Discutere le sfide e le opportunità per l'Unione Europea nel prossimo futuro: la competizione globale, il cambiamento climatico, le nuove tecnologie, la migrazione, l'integrazione sociale.
- Analizzare i possibili scenari per il futuro dell'Unione Europea: approfondimento dell'integrazione, riforma delle istituzioni, nuove sfide per la governance europea.

Il dibattito sul federalismo e la sovranità nazionale:

- Definire il concetto di federalismo e il suo ruolo nell'integrazione europea: potere condiviso tra stati membri e istituzioni europee.
- Discutere il dibattito sul federalismo e la sovranità nazionale: il bilanciamento tra l'identità nazionale e l'appartenenza europea, il ruolo degli stati membri e delle istituzioni europee.
- Analizzare le tensioni tra l'integrazione europea e la sovranità nazionale, con esempi di paesi che hanno espresso posizioni diverse sul futuro dell'Unione Europea.

Conclusione:

- Riassegnare i principali punti affrontati nella trattazione.
- Sottolineare la complessità del progetto europeo e la necessità di un impegno continuo per la sua riuscita.
- Invitare a una riflessione critica sul futuro dell'Unione Europea e sul suo ruolo nel contesto globale.

SVILUPPO TRACCIA

L'Unione Europea: Tra Sviluppo e Incertezze, un Progetto in Evoluzione

L'Unione Europea (UE), nata dalla volontà di costruire un'Europa unita e pacifica dopo le devastazioni della Seconda Guerra Mondiale, rappresenta un progetto ambizioso e complesso, un'unione politica ed economica di stati europei che ha attraversato momenti di grande successo e di profonde crisi. Oggi, l'UE si trova a un bivio, con nuove sfide da affrontare e un futuro che si presenta incerto.

Un'integrazione in continua evoluzione: L'UE è un progetto in costante evoluzione, un processo di integrazione che ha visto diversi livelli di approfondimento, dalla creazione del mercato unico all'unione monetaria con l'euro. L'UE ha implementato politiche comuni in ambito agricolo, ambientale, sociale e di sicurezza, creando un'area di libera circolazione di persone, beni e servizi. Tuttavia, il processo di integrazione non è stato privo di ostacoli. Differenze culturali, linguistiche ed economiche, il timore di perdere sovranità nazionale e l'emergere di crisi politiche, come la crisi finanziaria del 2008, hanno rappresentato sfide importanti per la coesione e l'unità dell'Unione Europea.

Un ruolo globale: L'UE è diventata una potenza economica globale, con un peso rilevante nel commercio internazionale, nella politica estera e nella cooperazione internazionale. L'UE è un attore chiave nella lotta al cambiamento climatico, nella promozione dei diritti umani e della democrazia, e nella gestione delle crisi globali. La politica estera e di sicurezza comune dell'UE ha guadagnato un ruolo sempre più importante nel panorama internazionale, con un crescente ruolo di mediazione e di intervento in conflitti globali.

Prospettive incerte: Il futuro dell'Unione Europea è segnato da sfide importanti. La crescente competizione globale, il cambiamento climatico, le nuove tecnologie, le migrazioni e le tensioni geopolitiche pongono nuove domande sul ruolo dell'UE nel mondo. L'Unione Europea dovrà affrontare il problema della disuguaglianza economica tra gli stati membri, la gestione delle migrazioni, la riforma delle sue istituzioni e la definizione di una strategia comune per affrontare le nuove sfide globali.

Federalismo e sovranità nazionale: un dibattito complesso: Il dibattito sul federalismo e la sovranità nazionale è al centro del futuro dell'Unione Europea. L'approfondimento dell'integrazione europea, con la creazione di un sistema federale, implica la cessione di una parte di sovranità nazionale agli organi europei. Questa prospettiva suscita diverse reazioni: alcuni paesi si mostrano favorevoli a un'integrazione più profonda, mentre altri preferiscono mantenere un ruolo centrale per gli stati membri. La Brexit, con l'uscita del Regno Unito dall'UE, ha riaperto il dibattito sul futuro dell'Unione Europea, con alcuni paesi che si interrogano sulla propria appartenenza al progetto europeo.

Un impegno per il futuro: L'Unione Europea rappresenta un progetto storico, un'ambizione di costruire un'Europa unita e pacifica. Il futuro dell'UE dipenderà dalla capacità dei suoi stati membri di affrontare le sfide comuni, di promuovere la coesione sociale, di rafforzare le istituzioni europee e di definire una strategia comune per il futuro. L'Unione Europea ha un ruolo importante da svolgere nel mondo, promuovendo la pace, la democrazia, lo sviluppo e il benessere dei suoi cittadini.

Diritti umani e democrazia: le sfide alla democrazia e ai diritti umani; la libertà di espressione e di informazione; il ruolo della società civile; le lotte per la giustizia sociale e l'equità.

SCALETTA

Introduzione:

- Definire i concetti di diritti umani e democrazia, evidenziando la loro interdipendenza e il loro ruolo fondamentale per una società giusta e libera.
- Sottolineare l'importanza di tutelare i diritti umani e di promuovere la democrazia in un contesto globale sempre più complesso.
- Presentare le sfide che minacciano la democrazia e i diritti umani e gli aspetti che saranno analizzati: libertà di espressione, ruolo della società civile, lotte per la giustizia sociale.

Le sfide alla democrazia e ai diritti umani:

- Analizzare le minacce alla democrazia: populismo, autoritarismo, nazionalismo, disinformazione, polarizzazione politica, crisi economica.
- Discutere le violazioni dei diritti umani in diverse parti del mondo: persecuzione politica, discriminazione, violenza, mancanza di libertà di espressione, diritto all'asilo.
- Evidenziare come la tecnologia può essere utilizzata per violare i diritti umani: sorveglianza di massa, censura online, manipolazione dell'informazione, discriminazione algoritmica.

Libertà di espressione e di informazione:

- Spiegare l'importanza della libertà di espressione e di informazione come pilastri fondamentali della democrazia.
- Analizzare le sfide alla libertà di espressione: censura, autocensura, minacce e violenze ai giornalisti, disinformazione, propaganda.
- Discutere il ruolo dei media indipendenti, della società civile e delle organizzazioni internazionali nel difendere la libertà di espressione.

Il ruolo della società civile:

- Definire la società civile e il suo ruolo nella difesa dei diritti umani e nella promozione della democrazia.
- Evidenziare le diverse forme di partecipazione della società civile: associazioni, organizzazioni non governative, movimenti sociali, proteste.
- Discutere il ruolo della società civile nella lotta contro la discriminazione, la povertà, la corruzione e le violazioni dei diritti umani.

Le lotte per la giustizia sociale e l'equità:

- Analizzare le diverse forme di ingiustizia sociale: discriminazione, povertà, esclusione sociale, accesso alle risorse, uguaglianza di opportunità.
- Discutere il ruolo dei movimenti sociali nella lotta per la giustizia sociale: movimenti per i diritti civili, movimenti femministi, movimenti per l'ambiente, movimenti per la giustizia economica.
- Evidenziare l'importanza di una società più equa e inclusiva per la prosperità e la stabilità sociale.

Conclusione:

- Riassegnare i principali punti affrontati nella trattazione.
- Sottolineare la necessità di un impegno continuo per la difesa dei diritti umani e la promozione della democrazia.
- Invitare a un'azione collettiva per contrastare le minacce alla democrazia e ai diritti umani e per costruire una società più giusta e equa.

SVILUPPO TRACCIA

Diritti Umani e Democrazia: Un Pilastro Fragile, Ma Indispensabile

Diritti umani e democrazia sono due concetti interconnessi, pilastri fondamentali di una società giusta e libera. La democrazia, con il suo sistema di governo basato sul consenso popolare e la tutela dei diritti individuali, rappresenta il terreno fertile per la fioritura dei diritti umani. I diritti umani, a loro volta, sono il fondamento di una società democratica, garantendo libertà, uguaglianza e giustizia per tutti. Tuttavia, in un mondo in continua evoluzione, questi pilastri si trovano ad affrontare sfide sempre più complesse, con l'emergere di minacce alla democrazia e alle libertà fondamentali.

Un mondo diviso: L'ascesa del populismo, dell'autoritarismo e del nazionalismo ha portato a un'erosione della democrazia in diverse parti del mondo. Governanti populisti, con discorsi incendiari e promesse facili, hanno sfruttato le paure e le frustrazioni delle persone, indebolendo le istituzioni democratiche e limitando la libertà di espressione e di informazione. La disinformazione, diffusa attraverso i social media e la manipolazione dei media tradizionali, ha contribuito alla polarizzazione politica e alla diffusione di pregiudizi e odio. La crisi economica ha creato un terreno fertile per il populismo, con un crescente malcontento nei confronti delle istituzioni tradizionali e una ricerca di soluzioni facili e populiste.

La lotta per la libertà: La libertà di espressione e di informazione è un diritto fondamentale, indispensabile per una società democratica. La libertà di parola, di stampa e di riunione sono essenziali per il dibattito pubblico, per la critica sociale, per il controllo del potere e per la diffusione di informazioni accurate. Tuttavia, in molti paesi, la libertà di espressione è minacciata dalla censura, dall'autocensura, da minacce e violenze ai giornalisti e dalla proliferazione di disinformazione e propaganda.

La voce della società civile: La società civile, con le sue diverse organizzazioni non governative, associazioni, movimenti sociali e gruppi di protesta, svolge un ruolo cruciale nella difesa dei diritti umani e nella promozione della democrazia. La società civile monitora le violazioni dei diritti umani, fornisce assistenza alle vittime di discriminazione e violenza, promuove il dialogo interculturale e fa pressione sui governi per l'attuazione di politiche più giuste e inclusive.

L'urgenza della giustizia sociale: La lotta per la giustizia sociale è un elemento fondamentale della difesa dei diritti umani e della promozione della democrazia. La discriminazione, la povertà, l'esclusione sociale e l'accesso diseguale alle risorse creano diseguaglianze che minano la coesione sociale e ostacolano il raggiungimento del pieno potenziale di ogni individuo. I movimenti sociali, attraverso la mobilitazione di massa e la pressione politica, hanno contribuito a far luce sulle ingiustizie sociali e a promuovere l'uguaglianza e la dignità per tutti.

Un futuro da costruire: La difesa dei diritti umani e la promozione della democrazia sono sfide globali che richiedono un impegno continuo. I governi hanno la responsabilità di tutelare i diritti umani e di promuovere la democrazia, garantendo la libertà di espressione, l'accesso alla giustizia e l'uguaglianza per tutti. La società civile, con la sua azione indipendente e il suo ruolo di controllo, è un elemento essenziale per la difesa dei diritti umani. La lotta per la giustizia sociale è un percorso lungo e impegnativo, ma è una battaglia che vale la pena combattere per costruire un mondo più giusto, più equo e più libero per tutti.

Economia digitale e lavoro del futuro: l'impatto della digitalizzazione sull'economia e sul lavoro; la trasformazione del mondo del lavoro; le nuove professioni; l'importanza delle competenze digitali; le politiche per il lavoro e la formazione.

SCALETTA

Introduzione:

- Definire l'economia digitale e il suo crescente impatto sul mondo del lavoro.
- Sottolineare come la digitalizzazione sta trasformando radicalmente i modelli di lavoro, le professioni e le competenze richieste.
- Presentare gli aspetti che saranno analizzati: impatto della digitalizzazione, trasformazione del lavoro, nuove professioni, competenze digitali, politiche per il lavoro e la formazione.

L'impatto della digitalizzazione sull'economia e sul lavoro:

- Analizzare gli effetti della digitalizzazione sull'economia: crescita del commercio online, aumento della produttività, nascita di nuovi modelli di business.
- Discutere l'impatto della digitalizzazione sul mondo del lavoro: automazione di compiti ripetitivi, nascita di nuove professioni, trasformazione dei luoghi di lavoro, lavoro a distanza.
- Evidenziare sia le opportunità che i rischi della digitalizzazione per il lavoro: nuove opportunità, crescita dell'occupazione in alcuni settori, perdita di posti di lavoro in altri settori.

La trasformazione del mondo del lavoro:

- Discutere l'evoluzione del mondo del lavoro: passaggio dal lavoro industriale al lavoro basato sulla conoscenza e sulla tecnologia.
- Analizzare i nuovi modelli di lavoro: lavoro agile, lavoro a distanza, gig economy, platform economy.
- Riflettere sul ruolo della tecnologia nel ridefinire i confini tra lavoro e vita privata.

Le nuove professioni:

- Elencare alcune delle nuove professioni emergenti nel contesto digitale: data scientist, developer, web designer, social media manager, specialisti in cybersecurity.
- Spiegare le competenze e le conoscenze richieste per queste nuove professioni.
- Discutere le opportunità di carriera in un mondo sempre più digitalizzato.

L'importanza delle competenze digitali:

- Spiegare il crescente bisogno di competenze digitali in tutti i settori lavorativi: utilizzo di software, comunicazione digitale, gestione dei dati, sicurezza informatica.
- Evidenziare l'importanza di investire nella formazione digitale per la crescita personale e professionale.
- Discutere il ruolo delle scuole, delle università, delle aziende e delle organizzazioni non governative nella diffusione delle competenze digitali.

Le politiche per il lavoro e la formazione:

- Analizzare le politiche per il lavoro e la formazione in un contesto di trasformazione digitale: promuovere la formazione continua, riqualificazione dei lavoratori, sostegno alle imprese nell'adozione delle nuove tecnologie.
- Discutere le sfide per le politiche del lavoro: adattare il sistema educativo alle nuove esigenze, promuovere l'innovazione e la competitività, gestire la transizione verso un mondo del lavoro digitale.

Conclusione:

- Riassegnare i principali punti affrontati nella trattazione.
- Sottolineare l'importanza di un approccio proattivo e strategico alla trasformazione digitale del mondo del lavoro.
- Invitare a un impegno collettivo per la promozione delle competenze digitali, la formazione continua e l'adattamento del mercato del lavoro alle nuove esigenze.

SVILUPPO TRACCIA

Economia Digitale e Lavoro del Futuro: Un Mondo in Trasformazione

La rivoluzione digitale sta trasformando radicalmente il mondo del lavoro, creando un nuovo panorama di opportunità e sfide che impattano su ogni aspetto della vita economica e sociale. L'economia digitale, con il suo crescente uso di tecnologie digitali, sta ridefinendo i modelli di business, i luoghi di lavoro e le competenze necessarie per avere successo nel futuro.

Un mondo sempre più connesso: L'economia digitale si basa su tecnologie come internet, il cloud computing, l'intelligenza artificiale, la robotica e i Big Data. Queste tecnologie stanno cambiando il modo in cui le aziende operano, come i consumatori acquistano beni e servizi e come le persone si connettono e comunicano. Il commercio online è in costante crescita, con un impatto significativo sul settore retail e sulla distribuzione. L'innovazione tecnologica ha portato a un aumento della produttività e alla nascita di nuovi modelli di business, come la piattaforma economy e la gig economy.

Un nuovo panorama lavorativo: Il mondo del lavoro sta subendo una trasformazione senza precedenti, con l'automazione di compiti ripetitivi e la nascita di nuove professioni legate al mondo digitale. L'intelligenza artificiale e la robotica stanno trasformando i processi produttivi, con un impatto significativo sul settore industriale e manifatturiero. Nuove professioni come data scientist, developer, web designer e specialisti in cybersecurity stanno emergendo, richiedendo competenze digitali specialistiche. La crescita del lavoro a distanza e del lavoro agile sta ridefinendo i luoghi di lavoro e le modalità di collaborazione.

Competenze digitali: un requisito fondamentale: Nel mondo digitale, le competenze digitali sono diventate un requisito fondamentale per avere successo nel lavoro. La capacità di utilizzare software, di gestire i dati, di comunicare online, di navigare nel cyberspazio e di adattarsi alle nuove tecnologie è essenziale per ogni lavoratore, indipendentemente dal settore in cui opera. L'educazione e la formazione digitale sono cruciali per preparare le persone alle nuove sfide del lavoro.

Sfide per le politiche del lavoro: La trasformazione digitale del mondo del lavoro pone sfide importanti per le politiche del lavoro. I governi devono adattare i sistemi educativi alle nuove esigenze del mercato del lavoro, investendo nella formazione continua e nella riqualificazione dei lavoratori. È necessario sostenere le imprese nell'adozione di tecnologie digitali e nello sviluppo di nuovi modelli di business, e al contempo tutelare i lavoratori da eventuali rischi di disoccupazione.

Un futuro da costruire: Il futuro del lavoro è incerto, ma un punto è chiaro: l'economia digitale sta cambiando il mondo in cui viviamo e lavoriamo. La chiave per un futuro positivo è l'investimento nella formazione, la promozione delle competenze digitali e la creazione di politiche del lavoro che favoriscano l'adattamento e la crescita. La sfida è quella di sfruttare al meglio le opportunità della digitalizzazione, garantendo al contempo un futuro di lavoro sicuro, equo e sostenibile per tutti.

La sostenibilità economica e sociale: l'impatto ambientale e sociale delle attività economiche; la responsabilità sociale delle imprese; l'economia circolare e la sostenibilità ambientale; il ruolo del capitale sociale e della coesione sociale.

SCALETTA

Introduzione:

- Definire il concetto di sostenibilità economica e sociale, evidenziando la necessità di un modello di sviluppo che tenga conto non solo della crescita economica, ma anche dell'impatto ambientale e sociale delle attività economiche.
- Sottolineare l'interdipendenza tra economia, ambiente e società.
- Presentare gli aspetti che saranno analizzati: impatto ambientale e sociale, responsabilità sociale delle imprese, economia circolare, capitale sociale e coesione sociale.

L'impatto ambientale e sociale delle attività economiche:

- Discutere l'impatto negativo delle attività economiche sull'ambiente: inquinamento, degrado dei suoli, consumo di risorse naturali, emissioni di gas serra.
- Analizzare l'impatto sociale negativo delle attività economiche: disuguaglianze sociali, sfruttamento del lavoro, povertà, esclusione sociale.
- Evidenziare l'esigenza di un modello di sviluppo che tenga conto di queste conseguenze negative e che promuova un approccio più sostenibile.

La responsabilità sociale delle imprese:

- Definire il concetto di responsabilità sociale delle imprese (CSR), che implica l'impegno delle imprese a integrare considerazioni sociali e ambientali nelle loro attività e a contribuire allo sviluppo sostenibile.
- Analizzare le diverse strategie di CSR: gestione sostenibile delle risorse, promuovere la diversità e l'inclusione, sostenere le comunità locali, adottare un comportamento etico.
- Discutere il ruolo dei consumatori nella promozione della CSR attraverso la scelta di prodotti e servizi di imprese responsabili.

L'economia circolare e la sostenibilità ambientale:

- Spiegare il concetto di economia circolare, che si basa sul riutilizzo, il riciclo e il recupero dei materiali e dei prodotti per ridurre al minimo lo spreco e l'impatto ambientale.
- Analizzare i vantaggi dell'economia circolare: riduzione del consumo di risorse, riduzione dell'inquinamento, creazione di nuovi posti di lavoro.

- Discutere le sfide legate all'implementazione dell'economia circolare: necessità di investimenti, adattamento dei sistemi produttivi, cambiamento dei modelli di consumo.

Il ruolo del capitale sociale e della coesione sociale:

- Definire il capitale sociale come la rete di relazioni sociali, la fiducia reciproca e la cooperazione all'interno di una comunità.
- Analizzare l'impatto del capitale sociale sulla sostenibilità economica e sociale: capacità di affrontare sfide congiunte, creare opportunità di sviluppo, migliorare la qualità della vita.
- Discutere l'importanza della coesione sociale, ovvero il senso di appartenenza e di solidarietà tra i membri di una comunità, per promuovere lo sviluppo sostenibile e l'equità.

Conclusione:

- Riassegnare i punti chiave affrontati nella trattazione.
- Sottolineare l'importanza di un approccio integrato alla sostenibilità economica e sociale, che tenga conto dell'impatto ambientale e sociale delle attività economiche.
- Invitare a un impegno collettivo da parte di governi, imprese, organizzazioni della società civile e cittadini per promuovere la sostenibilità economica e sociale e costruire un futuro più equo e sostenibile.

SVILUPPO TRACCIA

Verso un Futuro Sostenibile: Economia e Società in Armonia

Il modello di sviluppo economico prevalente negli ultimi decenni ha portato a un progresso significativo, ma anche a un impatto negativo sull'ambiente e sulla società. L'inquinamento, la disuguaglianza sociale, lo sfruttamento del lavoro e la perdita di biodiversità sono solo alcune delle conseguenze di un modello di sviluppo che non tiene conto a sufficienza della sostenibilità economica e sociale. Per costruire un futuro più equo e prospero per tutti, è necessario adottare un approccio integrato che abbracci la sostenibilità economica, ambientale e sociale.

L'Impatto del Progresso Economico: Il progresso economico ha portato a un miglioramento del livello di vita per molte persone, ma ha anche generato un impatto negativo sull'ambiente. L'inquinamento dell'aria e delle acque, la deforestazione, la perdita di biodiversità e i cambiamenti climatici sono tutte conseguenze di un modello di produzione e consumo eccessivo e non sostenibile. Inoltre, il progresso economico non è stato equamente distribuito, contribuendo a un aumento della disuguaglianza sociale e allo sfruttamento del lavoro.

La Responsabilità Sociale delle Imprese: Le imprese hanno un ruolo fondamentale da giocare nella promozione della sostenibilità economica e sociale. La responsabilità sociale delle imprese (CSR) implica l'impegno a integrare considerazioni sociali e ambientali nelle loro attività e a contribuire allo sviluppo sostenibile. Le imprese possono adottare strategie di CSR per gestire in modo sostenibile le risorse, promuovere la diversità e l'inclusione, sostenere le comunità locali e adottare un comportamento etico. I consumatori, a loro volta, possono contribuire alla promozione della CSR scegliendo prodotti e servizi di imprese responsabili.

L'Economia Circolare: Un Modello di Sviluppo Sostenibile: L'economia circolare è un modello di produzione e consumo che si basa sul riutilizzo, il riciclo e il recupero dei materiali e dei prodotti per ridurre al minimo lo spreco e l'impatto ambientale. Questo modello di sviluppo si fonda sulla riduzione del consumo di risorse non rinnovabili, sulla promozione di un'economia a basso impatto ambientale e sulla creazione di nuovi posti di lavoro in settori come il riciclo e la rigenerazione.

Capitale Sociale e Coesione Sociale: La Fondamenta della Sostenibilità: Il capitale sociale e la coesione sociale sono fattori essenziali per promuovere la sostenibilità economica e sociale. Il capitale sociale si riferisce alla rete di relazioni sociali, la fiducia reciproca e la cooperazione all'interno di una comunità. Una comunità con un alto capitale sociale è più in grado di affrontare sfide congiunte, creare opportunità di sviluppo e migliorare la qualità della vita. La coesione sociale, ovvero il senso di appartenenza e di solidarietà tra i membri di una comunità, è fondamentale per promuovere lo sviluppo sostenibile e l'equità.

Un Impegno Collettivo: La sostenibilità economica e sociale è un obiettivo che richiede un impegno collettivo da parte di governi, imprese, organizzazioni della società civile e cittadini. È necessario promuovere politiche che incentivino la sostenibilità economica e sociale, sostenere le imprese che adottano pratiche di CSR e promuovere l'economia circolare. Inoltre, è fondamentale investire nell'educazione e nella formazione per promuovere una cultura di sostenibilità e per creare una forza lavoro competente e responsabile. La costruzione di una società più equa e sostenibile richiede un cambio di mentalità, un approccio più responsabile al consumo e un impegno a creare un futuro in cui l'economia e la società si muovano in armonia con l'ambiente.

La sicurezza internazionale e la difesa: le sfide per la sicurezza globale; le minacce emergenti; il ruolo delle forze armate; il disarmo nucleare e la proliferazione delle armi; la lotta al terrorismo.

SCALETTA

Introduzione:

- Definire il concetto di sicurezza internazionale come l'insieme di misure e azioni volte a garantire la pace, la stabilità e la sicurezza tra gli Stati.
- Evidenziare l'importanza della sicurezza internazionale per lo sviluppo economico, la cooperazione internazionale e il benessere delle popolazioni.
- Presentare gli aspetti che saranno analizzati: le sfide per la sicurezza globale, le minacce emergenti, il ruolo delle forze armate, il disarmo nucleare, la proliferazione delle armi e la lotta al terrorismo.

Le sfide per la sicurezza globale:

- Discutere i principali fattori che minacciano la sicurezza globale: conflitti armati, terrorismo, criminalità transnazionale, proliferazione di armi di distruzione di massa, cambiamenti climatici, crisi economiche, disuguaglianze sociali.
- Analizzare il ruolo degli Stati e delle organizzazioni internazionali nel promuovere la sicurezza internazionale: Nazioni Unite, NATO, Unione Europea.
- Riflettere sulle sfide legate al mantenimento della pace e della sicurezza in un mondo sempre più interconnesso e globalizzato.

Le minacce emergenti:

- Discutere le minacce emergenti alla sicurezza globale: cyberattacchi, guerra informatica, proliferazione di droni, disinformazione e propaganda online, crisi climatiche e migrazioni di massa.
- Analizzare l'impatto di queste nuove minacce sulle società e sulla sicurezza degli Stati.
- Riflettere sulle strategie di contrasto a queste nuove sfide per la sicurezza internazionale.

Il ruolo delle forze armate:

- Discutere il ruolo delle forze armate nel mantenimento della sicurezza internazionale: difesa del territorio nazionale, partecipazione a missioni di pace, cooperazione con le forze armate di altri Stati.
- Analizzare il dibattito sul ruolo delle forze armate in un mondo in cui le sfide per la sicurezza sono sempre più complesse e multipli.
- Riflettere sull'importanza di un approccio responsabile e etico all'utilizzo delle forze armate.

Il disarmo nucleare e la proliferazione delle armi:

- Discutere i rischi della proliferazione delle armi nucleari e la necessità di un disarmo nucleare globale.
- Analizzare gli accordi internazionali per il controllo degli armamenti e per la non proliferazione delle armi nucleari.
- Riflettere sulle sfide legate alla verifica del rispetto degli accordi internazionali e alla promozione di un mondo senza armi nucleari.

La lotta al terrorismo:

- Discutere il fenomeno del terrorismo come minaccia globale e le sfide legate alla lotta al terrorismo.
- Analizzare le strategie di contrasto al terrorismo: misure di sicurezza, cooperazione internazionale, lotta alle cause del terrorismo, promozione del dialogo e della convivenza pacifica.
- Riflettere sull'importanza di un approccio complessivo e integrato alla lotta al terrorismo, che tenga conto non solo delle misure di sicurezza, ma anche delle cause del fenomeno.

Conclusione:

- Riassegnare i punti chiave affrontati nella trattazione.
- Sottolineare l'importanza della sicurezza internazionale per la pace e la prosperità globale.
- Invitare a un impegno collettivo da parte degli Stati e della comunità internazionale per affrontare le sfide per la sicurezza globale e per costruire un mondo più sicuro e pacifico.

SVILUPPO TRACCIA

La Sicurezza Globale: Un Mosaico di Sfide Interconnesse

Il mondo si presenta oggi come un mosaico complesso di sfide interconnesse che minacciano la sicurezza globale. I confini tra le nazioni si sono dissolti in un'epoca di interdipendenza, dove i conflitti, le crisi e le minacce si diffondono rapidamente a livello internazionale. Questa realtà esige una profonda riflessione sul ruolo delle forze armate, sui rischi della proliferazione delle armi e sul bisogno urgente di un approccio collaborativo alla pace e alla sicurezza.

Sfide Emergenti per un Mondo Interconnesso: Le sfide per la sicurezza globale non si limitano più ai conflitti tra Stati nazionali. Il terrorismo, la criminalità transnazionale, la proliferazione di armi di distruzione di massa, i cambiamenti climatici e le crisi economiche sono tutte minacce che travalicano i confini geografici e si intrecciano in un labirinto di interdipendenza. La crisi climatica, ad esempio, potrebbe esacerbare i conflitti per le risorse scarse, spingendo verso la instabilità politica e la migrazione di massa. Allo stesso modo, il terrorismo si alimenta di disuguaglianze e conflitti, diffondendosi tramite le reti digitali e sfruttando le crisi economiche e sociali.

Il Ruolo delle Forze Armate: In un mondo sempre più complesso, il ruolo delle forze armate si evolve. La difesa del territorio nazionale rimane un compito essenziale, ma l'azione militare deve essere integrata con un approccio più ampio che includi la cooperazione internazionale, il mantenimento della pace, la lotta al terrorismo e la gestione delle crisi. Le forze armate sono chiamate a svolgere un ruolo più strategico e diplomatico, collaborando con le agenzie internazionali e con le forze armate di altri Stati per affrontare sfide trascendentali come la lotta al terrorismo, la stabilizzazione di zone di conflitto e il contrasto alla proliferazione delle armi di distruzione di massa.

Disarmo Nucleare e Proliferazione delle Armi: La proliferazione delle armi nucleari rappresenta una minaccia globale di primissimo ordine. Il rischio di un conflitto nucleare è sempre presente, e le conseguenze di un tale conflitto sarebbero devastanti per l'umanità. Il disarmo nucleare è un obiettivo fondamentale per la sicurezza globale, e si richiede un impegno concreto da parte degli Stati per ridurre gli arsenali nucleari esistenti e prevenire la proliferazione di nuove armi nucleari. Il dibattito sull'utilizzo delle armi nucleari è particolarmente complesso, e è necessario un dialogo aperto e costruttivo tra i paesi dotati di armi nucleari per raggiungere accordi di disarmo sostanziali e per ridurre il rischio di conflitti nucleari.

Lotta al Terrorismo: Una Sfida Globale: Il terrorismo è una minaccia globale che richiede un approccio integrato e collaborativo. La lotta al terrorismo deve essere condotta su più fronti: la lotta alle cause del terrorismo, la prevenzione degli atti terroristici, il contrasto alle reti terroristiche e la riabilitazione dei combattenti terroristi. È necessario un dialogo costruttivo tra i paesi colpiti dal terrorismo per costruire strategie comuni di contrasto, promuovere la convivenza pacifica e prevenire l'escalation della violenza.

Un Futuro Più Sicuro: La sicurezza globale richiede un approccio collaborativo che coinvolga gli Stati, le organizzazioni internazionali e la società civile. La promozione del diritto internazionale, la risoluzione pacifica dei conflitti, la cooperazione economica e sociale e la lotta alle cause della violenza sono fattori essenziali per costruire un futuro più sicuro e pacifico. È fondamentale investire nell'educazione, nella diplomazia e nella promozione di una cultura di pace e di rispetto reciproco tra le nazioni. Solo in questo modo potremo costruire un mondo più sicuro e giusto per tutti.

Populismo e nazionalismo: il fenomeno del populismo e il suo impatto sulla politica; il nazionalismo e le sue conseguenze; la polarizzazione politica e le tensioni sociali; l'erosione della democrazia e dei diritti umani.

SCALETTA

Introduzione:

- Definire il populismo e il nazionalismo come fenomeni politici, evidenziando le loro caratteristiche comuni e le loro differenze.
- Sottolineare l'influenza di questi fenomeni sulla politica contemporanea, con un particolare riferimento ai recenti sviluppi in Europa e nel mondo.
- Presentare gli aspetti che saranno analizzati: definizione di populismo e nazionalismo, impatto sulla politica, conseguenze sociali, polarizzazione, erosione della democrazia e dei diritti umani.

Il fenomeno del populismo:

- Spiegare le caratteristiche principali del populismo: appello al popolo, contrapposizione tra "il popolo" e "le élite", semplificazione dei problemi, promesse di cambiamento radicale, discorso emotivo e populistico.
- Analizzare le cause del populismo: crisi economica, immigrazione, globalizzazione, disuguaglianza sociale, sfiducia nelle istituzioni.
- Discutere l'impatto del populismo sulla politica: ascesa di leader populisti, aumento della polarizzazione politica, sfiducia nei partiti tradizionali, indebolimento delle istituzioni democratiche.

Il nazionalismo e le sue conseguenze:

- Definire il nazionalismo come ideologia che enfatizza l'identità nazionale, la supremazia della nazione e l'esclusione di altri gruppi.
- Analizzare le cause del nazionalismo: paura dell'altro, risentimento verso le élite, senso di perdita di identità nazionale.
- Discutere le conseguenze del nazionalismo: aumento del razzismo, xenofobia, discriminazione, conflitti interetnici, erosione della solidarietà internazionale.

La polarizzazione politica e le tensioni sociali:

- Spiegare come il populismo e il nazionalismo contribuiscano alla polarizzazione politica: divisione tra "noi" e "loro", discorso incendiario, disinformazione, sfiducia nelle istituzioni.

- Analizzare l'impatto della polarizzazione politica sulla società: tensioni sociali, conflitti, violenza, disgregazione sociale, indebolimento della democrazia.

L'erosione della democrazia e dei diritti umani:

- Discutere come il populismo e il nazionalismo minaccino i principi democratici: limitazione della libertà di stampa, attacchi alla giustizia indipendente, erosione dei diritti umani, aumento dell'autoritarismo.
- Analizzare l'impatto di questi fenomeni sui diritti umani: discriminazione, intolleranza, violenza, esclusione.
- Evidenziare la necessità di difendere i valori democratici, i diritti umani e la pluralità in un'epoca caratterizzata da tensioni politiche e sociali.

Conclusione:

- Riassegnare i principali punti affrontati nella trattazione.
- Sottolineare la necessità di affrontare il populismo e il nazionalismo con un approccio critico, dialogico e basato sul rispetto dei valori democratici e dei diritti umani.
- Invitare a un impegno collettivo per promuovere la costruzione di una società più inclusiva, più giusta e più solidale, dove la diversità è un valore e dove il dialogo prevale sul conflitto.

SVILUPPO TRACCIA

Populismo e Nazionalismo: Un'Ombra Scura sulla Democrazia

Il panorama politico contemporaneo è segnato da un'ascesa del populismo e del nazionalismo, fenomeni che minacciano la stabilità delle democrazie liberali e mettono in pericolo i valori fondamentali di una società pluralista e inclusiva. L'appello a un "popolo unito" contro "le élite" e la promozione di un'identità nazionale esclusiva si diffondono con un discorso semplificato, spesso incendiario e privo di fondamento reale, alimentando la sfiducia nelle istituzioni e creando un clima di polarizzazione e di conflitto.

Il populismo: un discorso seduttivo, ma pericoloso: Il populismo si presenta come un movimento del popolo, che vuole dare voce agli "umili" contro le "élite" corrotte e disconnesse dalla realtà. Utilizza un discorso semplificato, emotivo e spesso incendiario, riducendo complessi problemi sociali e economici a causa di "altri", come gli immigrati, le minoranze o le istituzioni europee. Le proposte populiste sono spesso irrealistiche e basate su promesse irraggiungibili, ma riescono a catturare l'attenzione di un pubblico disilluso e disorientato.

Il nazionalismo: un sentimento forte, ma esclusivo: Il nazionalismo si basa sull'idea di una nazione unita e sovrana, basata su un'identità comune e su valori esclusivi. Spesso si traduce in un sentimento di superiorità rispetto alle altre nazioni e in una paura dell'altro, sia esso un immigrato, una minoranza o un gruppo culturale diverso. Il nazionalismo può portare alla discriminazione, all'esclusione, al conflitto e all'erosione dei diritti umani.

La polarizzazione politica: un clima di conflitto: Il populismo e il nazionalismo contribuiscono alla polarizzazione politica, creando una divisione tra "noi" e "loro", tra il "popolo" e "le élite", tra la "nazione" e "l'altro". Questo clima di conflitto indebolisce il dialogo politico, alimenta la disinformazione e la sfiducia nelle istituzioni, e può portare a tensioni sociali e a forme di violenza.

L'erosione della democrazia e dei diritti umani: Il populismo e il nazionalismo minacciano i principi fondamentali della democrazia liberale. L'appello a un "popolo unito" spesso si traduce in un attacco alla libertà di stampa, alla giustizia indipendente e ai diritti umani, creando un clima di intolleranza e di repressione. Il nazionalismo può portare alla limitazione della libertà di espressione, alla discriminazione e alla violazione dei diritti fondamentali.

Un appello al dialogo e alla solidarietà: L'ascesa del populismo e del nazionalismo è una sfida seria per le democrazie liberali e per i valori fondamentali di una società pluralista. È necessario un impegno collettivo per contrastare questi fenomeni, promuovendo il dialogo, la tolleranza, il rispetto della diversità e la difesa dei diritti umani. Dobbiamo riconoscere che la diversità è una forza, non una minaccia, e che la solidarietà e la cooperazione sono essenziali per affrontare le sfide globali del nostro tempo.

Democrazia e partecipazione: la partecipazione politica e il coinvolgimento dei cittadini; le nuove forme di democrazia diretta; il ruolo dei social media nella politica; la lotta alla disinformazione e alla propaganda; il futuro della democrazia.

SCALETTA

Introduzione:

- Definire la democrazia come sistema politico basato sulla partecipazione popolare e il rispetto dei diritti e delle libertà individuali.
- Sottolineare l'importanza della partecipazione politica per la salute della democrazia e la rappresentatività delle istituzioni.
- Presentare gli aspetti che saranno analizzati: partecipazione politica, democrazia diretta, ruolo dei social media, lotta alla disinformazione, futuro della democrazia.

Partecipazione politica e coinvolgimento dei cittadini:

- Analizzare i diversi livelli di partecipazione politica: voto, attivismo, associazionismo, partecipazione a consultazioni pubbliche, proteste pacifiche.
- Discutere le sfide alla partecipazione politica: apatia, sfiducia nelle istituzioni, disinformazione, barriere all'accesso alla politica.
- Evidenziare l'importanza di promuovere la partecipazione politica, rendendola più accessibile e attrattiva per i cittadini.

Le nuove forme di democrazia diretta:

- Spiegare il concetto di democrazia diretta e i suoi meccanismi, come referendum, iniziative popolari, assemblee cittadine.
- Analizzare i vantaggi e gli svantaggi della democrazia diretta: maggior controllo popolare, possibilità di influenzare le decisioni politiche, rischio di populismo, manipolazione dell'opinione pubblica.
- Discutere l'utilizzo della democrazia diretta in diversi paesi e la sua potenziale evoluzione.

Il ruolo dei social media nella politica:

- Discutere l'influenza dei social media sulla politica: comunicazione politica, campagne elettorali, mobilitazione dei cittadini, diffusione di informazioni e disinformazione.
- Analizzare i rischi e le opportunità dei social media in politica: possibilità di raggiungere un pubblico ampio, facilità di mobilitazione, rischio di polarizzazione, disinformazione, diffusione di hate speech.

- Evidenziare il ruolo della regolamentazione e della responsabilità nella gestione dei social media in politica.

La lotta alla disinformazione e alla propaganda:

- Definire la disinformazione e la propaganda come forme di manipolazione dell'informazione con l'obiettivo di influenzare l'opinione pubblica e le scelte politiche.
- Analizzare le strategie utilizzate per diffondere la disinformazione: fake news, teorie del complotto, bots, propaganda politica.
- Discutere le misure per contrastare la disinformazione: educazione all'uso critico dei media, sviluppo di sistemi di verifica dei contenuti, regolamentazione dei social media.

Il futuro della democrazia:

- Discutere le sfide che la democrazia affronta nell'era digitale: polarizzazione, disinformazione, crisi di fiducia nelle istituzioni.
- Analizzare i possibili scenari futuri per la democrazia: rafforzamento della partecipazione cittadina, innovazione tecnologica a supporto della democrazia, nuovi modelli di governo basati sulla collaborazione.
- Evidenziare l'importanza di un impegno collettivo per proteggere e rafforzare la democrazia in un'epoca di rapidi cambiamenti e di sfide senza precedenti.

Conclusione:

- Riassegnare i principali punti affrontati nella trattazione.
- Sottolineare l'importanza di una democrazia forte, partecipativa e basata su un'informazione corretta e trasparente.
- Invitare a un impegno collettivo per promuovere la partecipazione politica, combattere la disinformazione e rafforzare i valori democratici.

SVILUPPO TRACCIA

Democrazia: Un'Opera in Costruzione, Tra Partecipazione e Sfide Digitali

La democrazia, sistema politico basato sulla partecipazione popolare e il rispetto dei diritti e delle libertà individuali, è un processo in costante evoluzione, adattandosi alle sfide di un'epoca caratterizzata da cambiamenti rapidi e profondamente trasformativi. Nell'era digitale, la democrazia affronta nuove sfide, come la disinformazione e la polarizzazione politica, ma allo stesso tempo beneficia di nuovi strumenti per la partecipazione e il coinvolgimento dei cittadini.

La partecipazione politica: il cuore della democrazia: La democrazia vive attraverso la partecipazione dei cittadini, che esprimono la loro volontà attraverso il voto, l'attivismo, l'associazionismo e la partecipazione a consultazioni pubbliche. Tuttavia, la partecipazione politica è afflitta da sfide significative: apatia e sfiducia nelle istituzioni, barriere all'accesso alla politica e disinformazione. È fondamentale promuovere una cultura di partecipazione politica, rendendola più accessibile e attraente per tutti i cittadini.

Democrazia diretta: un potenziale per il controllo popolare: La democrazia diretta, con i suoi meccanismi di referendum, iniziative popolari e assemblee cittadine, offre ai cittadini la possibilità di influenzare direttamente le decisioni politiche. Tuttavia, anche la democrazia diretta ha i suoi limiti: rischio di populismo, manipolazione dell'opinione pubblica e difficoltà nell'affrontare temi complessi che richiedono un'analisi approfondita. La democrazia diretta può essere uno strumento utile per aumentare la partecipazione cittadina, ma va utilizzata con cautela e in modo responsabile.

Social media e politica: un bivio tra opportunità e rischi: I social media hanno rivoluzionato la comunicazione politica, offrendo nuove possibilità di raggiungere un pubblico ampio, di mobilitare i cittadini e di diffondere informazioni. Tuttavia, i social media presentano anche rischi significativi: polarizzazione, disinformazione, diffusione di hate speech e manipolazione dell'opinione pubblica. È fondamentale regolamentare l'utilizzo dei social media in politica, promuovere la responsabilità e combattere la disinformazione.

La lotta alla disinformazione: un dovere per la democrazia: La disinformazione, spesso diffusa attraverso i social media, è una minaccia seria per la democrazia. Le fake news, le teorie del complotto e la propaganda politica possono influenzare l'opinione pubblica, creare sfiducia nelle istituzioni e minacciare i processi democratici. È necessario promuovere l'educazione all'uso critico dei media, sviluppare sistemi di verifica dei contenuti e regolamentare i social media per contrastare la disinformazione.

Il futuro della democrazia: un percorso in costruzione: La democrazia affronta sfide senza precedenti nell'era digitale. La polarizzazione, la disinformazione e la crisi di fiducia nelle istituzioni minacciano la stabilità dei sistemi democratici. Tuttavia, la democrazia è un'opera in costruzione, che si adatta ai cambiamenti e si rinnova costantemente. È fondamentale investire nella partecipazione cittadina, promuovere l'innovazione tecnologica a supporto della democrazia e sviluppare nuovi modelli di governo basati sulla collaborazione e sul dialogo. La democrazia è un processo continuo che richiede l'impegno costante dei cittadini, delle istituzioni e della società civile per difendere i valori fondamentali della libertà, dell'uguaglianza e della giustizia.

Economia circolare e green economy: il passaggio a un'economia sostenibile; la lotta al cambiamento climatico e la transizione energetica; l'innovazione tecnologica per la sostenibilità; il ruolo delle imprese e delle politiche pubbliche.

SCALETTA

Introduzione:

- Definire il concetto di economia circolare e green economy, evidenziando le loro caratteristiche principali e la loro relazione con la sostenibilità.
- Sottolineare la crescente importanza della transizione verso un modello economico sostenibile, alla luce dell'emergenza climatica e delle sfide ambientali globali.
- Presentare gli aspetti che saranno analizzati: passaggio a un'economia sostenibile, lotta al cambiamento climatico, transizione energetica, innovazione tecnologica, ruolo delle imprese e delle politiche pubbliche.

Il passaggio a un'economia sostenibile:

- Spiegare i principi dell'economia circolare: riduzione, riutilizzo, riciclo, rigenerazione, valorizzazione dei rifiuti come risorse.
- Analizzare i vantaggi dell'economia circolare: riduzione dell'impatto ambientale, conservazione delle risorse, creazione di nuovi posti di lavoro, aumento della competitività.
- Discutere le sfide per la transizione verso l'economia circolare: cambio di mentalità, innovazione tecnologica, regolamentazione, collaborazione tra pubblico e privato.

La lotta al cambiamento climatico e la transizione energetica:

- Sottolineare l'urgenza di affrontare il cambiamento climatico e le sue conseguenze ambientali e sociali.
- Spiegare il ruolo fondamentale della transizione energetica: sostituzione dei combustibili fossili con fonti rinnovabili, aumento dell'efficienza energetica.
- Discutere le sfide per la transizione energetica: investimenti, infrastrutture, integrazione di fonti energetiche intermittenti, cambio di comportamento dei consumatori.

L'innovazione tecnologica per la sostenibilità:

- Analizzare il ruolo delle nuove tecnologie nella lotta al cambiamento climatico e nella transizione verso un'economia circolare: energia rinnovabile, stoccaggio dell'energia, materiali riciclati, intelligenza artificiale per la gestione dei risorse.
- Discutere le opportunità e le sfide legate all'innovazione tecnologica per la sostenibilità: accessibilità, costo, implementazione, sicurezza.

- Evidenziare il ruolo della ricerca e dell'innovazione nella promozione di un futuro più sostenibile.

Il ruolo delle imprese e delle politiche pubbliche:

- Analizzare il ruolo delle imprese nella transizione verso un'economia circolare e sostenibile: adozione di modelli di business circolari, innovazione di prodotto e processo, riduzione del consumo energetico.
- Discutere il ruolo delle politiche pubbliche nella promozione della sostenibilità: incentivi economici, regolamentazione, investimenti in ricerca e innovazione, educazione al consumo sostenibile.
- Evidenziare la necessità di una collaborazione tra imprese e istituzioni per accelerare la transizione verso un modello economico sostenibile.

Conclusione:

- Riassegnare i punti chiave affrontati nella trattazione.
- Sottolineare la necessità di un cambiamento radicale nel modello economico attuale, abbracciando un approccio più sostenibile e responsabile.
- Invitare a un impegno collettivo di imprese, istituzioni e cittadini per costruire un futuro più sostenibile e più equo per tutti.

SVILUPPO TRACCIA

Verso un Futuro Sostenibile: Economia Circolare e Green Economy

Il pianeta Terra, un sistema complesso e interconnesso, è sottoposto a pressioni sempre più intense a causa del modello economico predominante, basato sul consumo eccessivo di risorse e sulla produzione di rifiuti. L'emergenza climatica, con il riscaldamento globale e i suoi effetti devastanti, ci pone di fronte a una sfida urgente e senza precedenti. Il passaggio a un'economia sostenibile, che si basa sui principi dell'economia circolare e della green economy, è fondamentale per costruire un futuro più equo e più sicuro per tutti.

L'economia circolare: un nuovo modello di produzione e consumo: L'economia circolare è un approccio innovativo che si basa sul riutilizzo, il riciclo e la rigenerazione dei materiali e dei prodotti. In un'economia circolare, i rifiuti non esistono più come tali, ma vengono considerati come risorse preziose da recuperare e reimmettere nel ciclo produttivo. Questo approccio aiuta a ridurre l'impatto ambientale, a conservare le risorse naturali e a creare nuovi posti di lavoro.

La green economy: un modello che integra la sostenibilità: La green economy si basa sull'utilizzo di tecnologie e processi sostenibili per produrre beni e servizi che hanno un impatto positivo sull'ambiente. L'obiettivo della green economy è di coniugare la crescita economica con la protezione dell'ambiente, promuovendo l'utilizzo di energie rinnovabili, il risparmio energetico, il riciclo e la biodiversità.

La transizione energetica: un passo necessario verso un futuro sostenibile: La transizione energetica è un processo fondamentale per contrastare il cambiamento climatico. Questo processo implica la sostituzione dei combustibili fossili con fonti di energia rinnovabile, come l'energia solare, eolica e geotermica. L'aumento dell'efficienza energetica è altrettanto importante per ridurre il consumo di energia e le emissioni di gas serra.

L'innovazione tecnologica: un alleato per la sostenibilità: Le nuove tecnologie possono giocare un ruolo cruciale nella transizione verso un'economia sostenibile. L'energia rinnovabile, il riciclo, il riutilizzo dei materiali, la cattura e lo stoccaggio del carbonio sono solo alcuni esempi di innovazioni che possono aiutare a ridurre l'impatto ambientale e a preservare le risorse naturali.

Il ruolo delle imprese e delle politiche pubbliche: Le imprese hanno un ruolo fondamentale nell'adozione di modelli di business sostenibili. Le politiche pubbliche sono altrettanto importanti per creare un quadro normativo che incentivi la sostenibilità e penalizzi i comportamenti inquinanti. La collaborazione tra imprese e istituzioni è fondamentale per accelerare la transizione verso un'economia più sostenibile.

Il futuro è sostenibile: La lotta al cambiamento climatico e il passaggio a un'economia circolare e sostenibile sono sfide complesse ma fondamentali per il futuro del nostro pianeta. Un impegno collettivo di imprese, istituzioni e cittadini è necessario per costruire un futuro più sostenibile e più equo per tutti.

Il futuro del lavoro: l'automazione e la robotica; l'impatto della tecnologia sul mercato del lavoro; la crescente domanda di competenze digitali; le sfide per la formazione e l'occupazione; le politiche per il futuro del lavoro.

SCALETTA

Introduzione:

- Definire il concetto di "futuro del lavoro", evidenziando l'influenza crescente della tecnologia e dell'automazione sul mondo del lavoro.
- Sottolineare l'importanza di anticipare e affrontare i cambiamenti in atto, per garantire un futuro lavorativo positivo e inclusivo per tutti.
- Presentare gli aspetti che saranno analizzati: automazione e robotica, impatto della tecnologia, competenze digitali, sfide per la formazione e l'occupazione, politiche per il futuro del lavoro.

L'automazione e la robotica:

- Spiegare l'evoluzione dell'automazione e della robotica, con esempi concreti di applicazioni in diversi settori.
- Analizzare i vantaggi dell'automazione: aumento della produttività, riduzione dei costi, miglioramento della qualità.
- Discutere le potenziali conseguenze negative dell'automazione: perdita di posti di lavoro, disoccupazione tecnologica, aumento delle disuguaglianze.

L'impatto della tecnologia sul mercato del lavoro:

- Esaminare le tendenze in atto nel mercato del lavoro, come la crescente domanda di lavoratori qualificati in settori ad alta tecnologia e la scomparsa di professioni tradizionali.
- Analizzare come la tecnologia influenza il modo in cui lavoriamo: lavoro a distanza, flessibilità oraria, nuovi modelli di collaborazione.
- Riflettere sul ruolo dell'innovazione tecnologica nella creazione di nuovi posti di lavoro e nuove opportunità.

La crescente domanda di competenze digitali:

- Evidenziare l'importanza sempre più rilevante delle competenze digitali in tutti i settori lavorativi.
- Analizzare le competenze digitali più richieste: programmazione, analisi dei dati, sicurezza informatica, marketing digitale, comunicazione digitale.

- Sottolineare l'esigenza di un aggiornamento continuo delle competenze per restare competitivi nel mercato del lavoro.

Le sfide per la formazione e l'occupazione:

- Discutere le sfide per la formazione professionale in un mondo del lavoro in continua evoluzione: adattamento ai nuovi profili lavorativi, riqualificazione dei lavoratori, formazione continua.
- Analizzare le strategie per contrastare la disoccupazione tecnologica: politiche attive del lavoro, incentivi alla riqualificazione, creazione di nuovi posti di lavoro in settori emergenti.
- Riflettere sull'importanza di investire nell'educazione e nella formazione per preparare le future generazioni alle sfide del lavoro del futuro.

Le politiche per il futuro del lavoro:

- Discutere il ruolo dello Stato e delle istituzioni nella promozione di un futuro del lavoro equo e inclusivo: politiche di formazione e riqualificazione, investimenti in ricerca e innovazione, protezione dei diritti dei lavoratori.
- Analizzare le politiche per favorire la creazione di nuovi posti di lavoro in settori a basso impatto ambientale e ad alta tecnologia.
- Riflettere sul ruolo delle imprese nella responsabilità sociale e nell'investire nella formazione dei propri dipendenti.

Conclusione:

- Riassegnare i punti chiave affrontati nella trattazione.
- Sottolineare la necessità di un approccio proattivo e collaborativo tra Stato, imprese e individui per affrontare le sfide del futuro del lavoro.
- Invitare a un impegno collettivo per garantire un futuro lavorativo positivo e inclusivo per tutti, basato sulla formazione, sulla flessibilità e sulla solidarietà.

SVILUPPO TRACCIA

Il Futuro del Lavoro: Tra Automazione e Nuove Opportunità

Il mondo del lavoro sta vivendo una trasformazione profonda, guidata dall'avanzamento tecnologico e dall'automazione crescente. Mentre l'intelligenza artificiale, la robotica e le nuove tecnologie digitali rivoluzionano i processi produttivi e creano nuove opportunità, il futuro del lavoro si presenta come un territorio da esplorare con cautela e con un approccio proattivo.

Automazione e robotica: un cambiamento inevitabile: L'automazione e la robotica sono ormai una realtà in molti settori, dall'industria manufatturiera all'assistenza sanitaria. L'utilizzo di robot e sistemi automatismi aumenta la produttività, riduce i costi e migliora la qualità dei prodotti e dei servizi. Tuttavia, questo processo porta con sé anche la minaccia di perdita di posti di lavoro e la disoccupazione tecnologica. Molte attività tradizionali, spesso ripetitive e manuali, rischiano di essere sostituite da sistemi automatici.

L'impatto della tecnologia sul mercato del lavoro: Il mercato del lavoro è in continua evoluzione a causa dell'innovazione tecnologica. Nuovi settori come l'intelligenza artificiale, la cybersecurity e la biotecnologia stanno crescendo rapidamente, creando una forte domanda di lavoratori qualificati con competenze specialistiche. Allo stesso tempo, professioni tradizionali rischiano di scomparire o di subire profondissime trasformazioni. La flessibilità oraria, il lavoro a distanza e i nuovi modelli di collaborazione sono tendenze emergenti che stanno ridefinendo il modo in cui lavoriamo.

La domanda crescente di competenze digitali: Il futuro del lavoro richiede una conoscenza approfondita delle tecnologie digitali. Competenze come la programmazione, l'analisi dei dati, la sicurezza informatica, il marketing digitale e la comunicazione digitale sono sempre più richieste in tutti i settori. L'aggiornamento continuo delle competenze diventa cruciale per restare competitivi nel mercato del lavoro in rapida evoluzione.

Sfide per la formazione e l'occupazione: La transizione verso un futuro del lavoro basato sulla tecnologia presenta sfide significative per la formazione professionale. È necessario adattare i sistemi educativi alle nuove esigenze del mercato del lavoro, promuovere la riqualificazione dei lavoratori e investire nella formazione continua. Le politiche attive del lavoro, gli incentivi alla riqualificazione e la creazione di nuovi posti di lavoro in settori emergenti sono fondamentali per contrastare la disoccupazione tecnologica.

Politiche per il futuro del lavoro: Il futuro del lavoro richiede un approccio proattivo da parte dello Stato e delle istituzioni. È necessario investire nella ricerca e nell'innovazione, promuovere la formazione professionale e la riqualificazione dei lavoratori, creare nuovi posti di lavoro in settori a basso impatto ambientale e ad alta tecnologia, e proteggere i diritti dei lavoratori. L'obiettivo è creare un futuro del lavoro equo e inclusivo, dove le opportunità siano accessibili a tutti.

Un futuro lavorativo positivo: La trasformazione del mondo del lavoro rappresenta una sfida ma anche un'opportunità. L'innovazione tecnologica può liberare le persone da lavori ripetitivi e pericolosi, creando nuovi posti di lavoro più creativi e stimolanti. Con un approccio proattivo e un impegno collettivo, possiamo costruire un futuro del lavoro più sostenibile, più equo e più inclusivo per tutti.

Il ruolo dello Stato: il dibattito sul ruolo dello Stato nell'economia e nella società; il welfare state e i servizi pubblici; la gestione dei grandi cambiamenti sociali; il ruolo della politica economica e sociale.

SCALETTA

Introduzione:

- Definire il ruolo dello Stato come entità politica che gestisce e regola un territorio e una popolazione.
- Sottolineare il dibattito costante sul ruolo dello Stato nell'economia e nella società, tra posizioni liberali, keynesiane e socialiste.
- Presentare gli aspetti che saranno analizzati: dibattito sul ruolo dello Stato, welfare state e servizi pubblici, gestione dei cambiamenti sociali, politica economica e sociale.

Il dibattito sul ruolo dello Stato:

- Spiegare le diverse posizioni sul ruolo dello Stato nell'economia: liberismo (mercato libero, minimo intervento statale), keynesianismo (intervento statale per stabilizzare l'economia), socialismo (governo dell'economia da parte dello Stato).
- Analizzare i pro e i contro di ogni posizione: libertà individuale vs. intervento pubblico, efficienza del mercato vs. intervento statale per la giustizia sociale, creazione di ricchezza vs. redistribuzione della ricchezza.
- Discutere il ruolo dello Stato nella società: promozione di valori come l'uguaglianza, la giustizia sociale, la sicurezza, la difesa dei diritti civili.

Il welfare state e i servizi pubblici:

- Definire il welfare state come un sistema di servizi pubblici per la protezione sociale, come assistenza sanitaria, istruzione, pensioni, disoccupazione, assistenza ai bisognosi.
- Analizzare il ruolo del welfare state nel contrastare le disuguaglianze, garantire una rete di sicurezza sociale e promuovere il benessere della popolazione.
- Discutere le sfide per il welfare state: invecchiamento della popolazione, crescenti costi sociali, globalizzazione, crisi economica, dibattito sull'efficienza e la sostenibilità dei servizi pubblici.

La gestione dei grandi cambiamenti sociali:

- Discutere il ruolo dello Stato nell'affrontare le sfide sociali del XXI secolo: cambiamento climatico, migrazioni, globalizzazione, innovazione tecnologica, digitalizzazione.
- Analizzare le politiche pubbliche per rispondere a questi cambiamenti: transizione energetica, politiche migratorie, regolamentazione del mercato digitale, politiche per l'istruzione e la formazione.

- Evidenziare la necessità di un approccio integrato e coordinato per affrontare i grandi cambiamenti sociali.

Il ruolo della politica economica e sociale:

- Spiegare gli strumenti della politica economica: politica fiscale, politica monetaria, politica industriale.
- Analizzare gli obiettivi della politica economica: crescita economica, occupazione, stabilità dei prezzi, equilibrio della bilancia dei pagamenti.
- Discutere il ruolo della politica sociale: redistribuzione della ricchezza, promozione dell'inclusione sociale, lotta alle disuguaglianze, tutela dei diritti sociali.

Conclusione:

- Riassegnare i principali punti affrontati nella trattazione.
- Sottolineare la necessità di un dibattito pubblico aperto e critico sul ruolo dello Stato nell'economia e nella società.
- Invitare a un impegno collettivo per costruire uno Stato più equo, più sostenibile e più responsabile nei confronti dei cittadini.

SVILUPPO TRACCIA

Lo Stato: Un Compagno Necessario, Tra Sfide e Opportunità

Lo Stato, entità politica che gestisce e regola un territorio e una popolazione, si trova a un bivio cruciale nel XXI secolo. Il dibattito sul suo ruolo nell'economia e nella società è sempre più acceso, tra chi difende un mercato libero e un intervento statale limitato e chi sostiene un ruolo più attivo dello Stato per garantire la giustizia sociale e la sostenibilità.

Il dibattito sul ruolo dello Stato: Il liberismo, ideologia che promuove la libertà individuale e il mercato libero, ritiene che lo Stato debba intervenire il meno possibile nell'economia, lasciando che le forze del mercato regolino la produzione e la distribuzione della ricchezza. Il keynesianismo, invece, sostiene un intervento statale attivo per stabilizzare l'economia, attraverso la politica fiscale e la politica monetaria. Il socialismo, da parte sua, propugna un ruolo più ampio dello Stato nella gestione dell'economia, con l'obiettivo di promuovere la giustizia sociale e l'uguaglianza.

Il welfare state: un sistema di protezione sociale: Il welfare state è un sistema di servizi pubblici che garantisce la protezione sociale ai cittadini. La sanità pubblica, l'istruzione gratuita, le pensioni e l'assistenza ai bisognosi sono tra i servizi fondamentali offerti da uno stato sociale. Il welfare state è un elemento essenziale per contrastare le disuguaglianze, garantire una rete di sicurezza sociale e promuovere il benessere della popolazione. Tuttavia, il welfare state si trova ad affrontare sfide sempre più complesse: l'invecchiamento della popolazione, le crescenti spese sociali, la crisi economica e il dibattito sull'efficienza e la sostenibilità dei servizi pubblici.

Lo Stato e i grandi cambiamenti sociali: Il XXI secolo è caratterizzato da grandi cambiamenti sociali, come il cambiamento climatico, le migrazioni, la globalizzazione, l'innovazione tecnologica e la digitalizzazione. Lo Stato ha un ruolo fondamentale nell'affrontare queste sfide, attraverso politiche pubbliche che promuovono la sostenibilità ambientale, la coesione sociale e la giustizia economica.

Il ruolo della politica economica e sociale: La politica economica ha come obiettivi la crescita economica, l'occupazione, la stabilità dei prezzi e l'equilibrio della bilancia dei pagamenti. Gli strumenti della politica economica sono la politica fiscale, la politica monetaria e la politica industriale. La politica sociale, invece, si focalizza sulla redistribuzione della ricchezza, la promozione dell'inclusione sociale, la lotta alle disuguaglianze e la tutela dei diritti sociali.

Un futuro più equo e più sostenibile: Il ruolo dello Stato è fondamentale per costruire un futuro più equo e più sostenibile. L'intervento dello Stato è necessario per garantire l'accesso ai servizi essenziali, per proteggere i diritti sociali e per affrontare le sfide ambientali e sociali del nostro tempo. Un dibattito pubblico aperto e critico sul ruolo dello Stato è indispensabile per definire le politiche che possono aiutare a creare una società più giusta e più prospera per tutti.

Cultura e Arte

Arte e tecnologia: le nuove forme di espressione artistica; il ruolo della tecnologia nell'arte; le opere d'arte digitali; l'influenza dell'intelligenza artificiale sulla creatività.

SCALETTA

Introduzione:

- Definire il legame tra arte e tecnologia, sottolineando come la tecnologia ha sempre influenzato l'arte, dalla pittura su tela alla fotografia e alla cinematografia.
- Presentare il tema dell'arte digitale e l'influenza dell'intelligenza artificiale sulla creatività, aprendo un dibattito su come la tecnologia sta ridefinendo i confini della creazione artistica.
- Evidenziare gli aspetti che saranno analizzati: nuove forme di espressione, ruolo della tecnologia, opere digitali, influenza dell'intelligenza artificiale.

Le nuove forme di espressione artistica:

- Discutere come la tecnologia ha aperto nuove possibilità di espressione artistica, creando nuovi media e nuove forme di arte.
- Elencare alcuni esempi di nuove forme di arte digitale: arte generativa, arte interattiva, arte virtuale, arte immersiva, arte sonora, installazioni digitali.
- Analizzare le caratteristiche specifiche di queste forme di arte, come l'interattività, l'immersione, la partecipazione del pubblico, la fusione di diversi media.

Il ruolo della tecnologia nell'arte:

- Spiegare come la tecnologia è diventata uno strumento fondamentale per gli artisti, ampliando le loro possibilità di creazione e di comunicazione.
- Discutere l'uso di software, hardware, strumenti digitali e piattaforme online nella creazione artistica: software di editing, scanner 3D, stampanti 3D, realtà virtuale e aumentata.
- Analizzare l'impatto della tecnologia sulla diffusione e la fruizione dell'arte: gallerie virtuali, arte online, piattaforme di sharing, NFT.

Le opere d'arte digitali:

- Definire le opere d'arte digitali e le loro caratteristiche distintive: immagine, suono, video, animazione, interattività, digitalizzazione di opere tradizionali.
- Analizzare il dibattito sulla natura dell'arte digitale: è arte vera? Quali sono i criteri di valutazione?
- Evidenziare il valore e l'unicità delle opere d'arte digitali e le nuove forme di fruizione e di collezionismo.

L'influenza dell'intelligenza artificiale sulla creatività:

- Presentare l'intelligenza artificiale (AI) come strumento di creazione artistica: composizione musicale, generazione di immagini, scrittura di testi.
- Discutere il dibattito sulla creatività dell'AI: può l'AI essere veramente creativa? Quali sono i limiti dell'AI?
- Analizzare le implicazioni etiche e sociali dell'utilizzo dell'AI nella creazione artistica: l'autonomia dell'artista, la proprietà intellettuale, il futuro della creatività umana.

Conclusione:

- Riassegnare i principali punti affrontati nella trattazione.
- Sottolineare come la tecnologia sta ridefinendo i confini dell'arte e aprendo nuove possibilità di espressione.
- Invitare a una riflessione critica sul futuro dell'arte in un mondo sempre più digitale, sull'influenza dell'AI sulla creatività e sulle nuove forme di fruizione artistica.

SVILUPPO TRACCIA

Arte e Tecnologia: Un Dialogo in Evoluzione

L'arte e la tecnologia hanno sempre camminato di pari passo, influenzandosi a vicenda e creando un dialogo continuo che ha portato a nuove forme di espressione e di fruizione artistica. Dall'invenzione della fotografia alla diffusione di internet, la tecnologia ha contribuito a rivoluzionare il modo in cui gli artisti creano, i collezionisti acquisiscono e il pubblico sperimenta l'arte. Oggi, l'arte digitale e l'intelligenza artificiale stanno aprendo nuove frontiere per la creatività, sfidando le nostre concezioni tradizionali di arte e di artista.

Nuove forme di espressione: La tecnologia ha permesso di superare i limiti dei media tradizionali, aprendo a nuove possibilità di espressione. L'arte generativa, che utilizza algoritmi per creare opere d'arte uniche, è un esempio di come la tecnologia possa creare forme d'arte mai viste prima. L'arte interattiva, che coinvolge attivamente il pubblico, offre un'esperienza artistica più immersiva e partecipativa. La realtà virtuale e aumentata sta aprendo nuove possibilità per l'arte immersiva, trasportando gli spettatori in mondi immaginari e realistici.

Tecnologia a servizio dell'arte: La tecnologia è diventata uno strumento indispensabile per gli artisti. Software di editing, scanner 3D, stampanti 3D, realtà virtuale e aumentata sono solo alcuni esempi di come la tecnologia sia integrata nel processo creativo. La tecnologia ha anche cambiato il modo in cui l'arte viene diffusa e fruita. Gallerie virtuali, piattaforme online e piattaforme di sharing permettono agli artisti di raggiungere un pubblico globale e di condividere le proprie opere in modo più rapido e semplice. Il fenomeno degli NFT (Non-Fungible Tokens) sta rivoluzionando il collezionismo digitale, creando nuove opportunità per gli artisti di vendere le proprie opere in modo indipendente e di raggiungere un pubblico più ampio.

L'arte digitale: una nuova era: L'arte digitale, che si basa su immagini, suoni, video, animazioni e interattività, ha aperto nuove frontiere per la creatività. La creazione di opere digitali, con la possibilità di manipolare e combinare diversi media, offre nuove possibilità di espressione e di sperimentazione. Il dibattito sulla natura dell'arte digitale è ancora aperto: è arte vera? Quali sono i criteri di valutazione? Le opere digitali, con la loro capacità di interazione e di immersione, offrono un'esperienza artistica unica e possono essere considerate un'evoluzione del concetto di arte tradizionale.

Intelligenza artificiale e creatività: L'intelligenza artificiale (AI) sta entrando nel mondo dell'arte, con algoritmi in grado di comporre musica, generare immagini e scrivere testi. L'AI può creare opere d'arte uniche, ma pone la domanda: può l'AI essere veramente creativa? L'AI è in grado di emulare il processo creativo umano, ma può creare qualcosa di veramente originale? Il dibattito sull'etica e sulle implicazioni sociali dell'AI nella creazione artistica è ancora in corso. L'autonomia dell'artista, la proprietà intellettuale e il futuro della creatività umana sono questioni cruciali che devono essere affrontate con attenzione.

Un futuro aperto alla creatività: Arte e tecnologia continuano a interagire e a influenzarsi a vicenda, aprendo nuove possibilità di espressione e di fruizione artistica. L'arte digitale, l'intelligenza artificiale e le nuove tecnologie stanno trasformando il mondo dell'arte, sfidando le nostre concezioni tradizionali di creatività e di artista. Il futuro dell'arte si presenta ricco di potenzialità e di nuove sfide.

La cultura popolare e l'influenza dei social media: l'impatto dei social media sulla cultura; il fenomeno dei meme e della viralità; l'influencer marketing; la polarizzazione e la disinformazione online.

SCALETTA

Introduzione:

- Definire il concetto di cultura popolare e il suo ruolo nella società.
- Spiegare come i social media stanno trasformando la cultura popolare, creando nuovi modi di comunicare, di creare contenuti e di consumare informazioni.
- Presentare gli aspetti che saranno analizzati: impatto dei social media, fenomeno dei meme, influencer marketing, polarizzazione e disinformazione online.

L'impatto dei social media sulla cultura:

- Analizzare il ruolo dei social media nel diffondere la cultura popolare: musica, film, serie TV, libri, moda, tendenze.
- Discutere come i social media influenzano i gusti, le opinioni e i comportamenti delle persone: influencer, trend, challenge, viralità.
- Evidenziare l'influenza dei social media sulla creazione e la diffusione di nuove forme di cultura: meme, fan culture, culture partecipative.

Il fenomeno dei meme e della viralità:

- Definire i meme e la loro funzione nella cultura popolare: immagini, video, frasi, condivisi online con un significato ironico o satirico.
- Spiegare come i meme si diffondono rapidamente sui social media: viralità, replicazione, adattamento, interpretazione.
- Analizzare il ruolo dei meme nella cultura popolare: critica sociale, ironia, humor, identità di gruppo.

L'influencer marketing:

- Definire gli influencer e il loro ruolo nella cultura popolare: persone con un forte seguito sui social media, influenzano le opinioni e le scelte dei loro follower.
- Analizzare l'influencer marketing come strategia di marketing: collaborazione con gli influencer per promuovere prodotti e servizi.
- Discutere l'impatto degli influencer sulla cultura popolare: consumo, stili di vita, tendenze, valori.

La polarizzazione e la disinformazione online:

- Spiegare il fenomeno della polarizzazione online: la formazione di gruppi con opinioni contrastanti e la difficoltà di dialogo e di confronto.
- Analizzare come i social media contribuiscono alla polarizzazione: algoritmi di personalizzazione, filtri di bolla, diffusione di informazioni false e tendenziose.
- Discutere la diffusione della disinformazione online: fake news, teorie del complotto, propaganda, manipolazione dell'informazione.

Conclusione:

- Riassegnare i principali punti affrontati nella trattazione.
- Sottolineare la complessità del rapporto tra cultura popolare e social media.
- Invitare a una riflessione critica sul ruolo dei social media nella cultura contemporanea, sulle opportunità e sui rischi che presentano.

SVILUPPO TRACCIA

La Cultura Popolare nell'Era Digitale: Un Mondo Connesso, Ma Frammentato

La cultura popolare, un tempo plasmata da media tradizionali come la televisione e la radio, è oggi profondamente influenzata dai social media. Questa trasformazione ha portato a nuovi modi di creare, condividere e consumare contenuti, modificando il panorama culturale e creando nuovi fenomeni che influenzano i nostri gusti, le nostre opinioni e i nostri comportamenti.

Il potere dei social media: I social media hanno rivoluzionato il modo in cui la cultura popolare si diffonde e si consuma. Musica, film, serie TV, libri e tendenze di moda vengono condivisi, commentati e discussi in modo virale, raggiungendo un pubblico globale in tempo reale. La viralità, con la rapida diffusione di contenuti, ha creato nuove forme di celebrità e di influenza, con influencer che diventano figure di riferimento per milioni di follower. Le challenge, le trend e le meme diventano virali, influenzando i gusti e i comportamenti delle persone e creando un senso di appartenenza a una comunità online.

L'ascesa dei meme: I meme, immagini o video condivisi online con un significato ironico o satirico, sono diventati un linguaggio universale della cultura popolare. I meme si diffondono rapidamente, vengono replicati, adattati e reinterpretati, creando un flusso continuo di contenuti divertenti e spesso critici. I meme riflettono gli interessi, le preoccupazioni e gli umori di una generazione, e possono fungere da strumento di critica sociale, ironia e humor.

Influencer marketing: una nuova forma di influenza: Gli influencer, con il loro forte seguito sui social media, hanno acquisito un potere influente sulla cultura popolare. Le aziende si affidano all'influencer marketing, utilizzando la loro credibilità e la loro influenza per promuovere prodotti e servizi. Gli influencer possono influenzare i gusti dei consumatori, determinando le tendenze di moda, gli acquisti e le scelte di stile di vita.

Il rovescio della medaglia: polarizzazione e disinformazione: I social media, pur offrendo un'opportunità di condivisione e di interazione senza precedenti, presentano anche dei rischi. Gli algoritmi di personalizzazione, che mostrano agli utenti contenuti che corrispondono ai loro interessi, possono creare "bolle di filtro", in cui le persone sono esposte solo a opinioni simili alle loro, portando a una polarizzazione e a una difficoltà di dialogo e di confronto. La diffusione di fake news, teorie del complotto e propaganda contribuisce a creare un clima di disinformazione, minacciando il dibattito pubblico e la fiducia nelle istituzioni.

Un mondo in trasformazione: La cultura popolare nell'era digitale è un mondo in continua evoluzione. I social media hanno rivoluzionato il modo in cui creiamo, condividiamo e consumiamo contenuti, con un impatto significativo sui nostri gusti, le nostre opinioni e i nostri comportamenti. È importante navigare in questo mondo con consapevolezza, critica e spirito di apertura, per distinguere la verità dalla disinformazione, per contrastare la polarizzazione e per sfruttare le opportunità offerte dai social me

Cinema e serie TV: le tendenze del cinema e delle serie TV contemporanee; il ruolo dell'industria dell'intrattenimento; l'analisi critica delle opere; la rappresentazione sociale e l'impatto culturale.

SCALETTA

Introduzione:

- Definire il ruolo del cinema e delle serie TV come forme di intrattenimento e di espressione artistica.
- Sottolineare l'impatto culturale e sociale del cinema e delle serie TV sulla società contemporanea.
- Presentare gli aspetti che saranno analizzati: tendenze contemporanee, industria dell'intrattenimento, analisi critica, rappresentazione sociale, impatto culturale.

Le tendenze del cinema e delle serie TV contemporanee:

- Analizzare le principali tendenze del cinema contemporaneo: cinema d'autore, cinema indipendente, blockbuster hollywoodiani, cinema internazionale, documentari, film di genere (horror, thriller, commedia, fantascienza).
- Discutere le tendenze nelle serie TV: serialità, binge watching, streaming, serie d'autore, serie di genere, soap opera, documentari.
- Evidenziare l'influenza delle nuove tecnologie e dei nuovi media sul cinema e sulle serie TV: effetti speciali, CGI, streaming, piattaforme digitali.

Il ruolo dell'industria dell'intrattenimento:

- Spiegare il ruolo dell'industria dell'intrattenimento nella produzione e distribuzione di film e serie TV: studi cinematografici, case di produzione, distribuzione, marketing, pubblicità.
- Analizzare l'influenza dell'industria dell'intrattenimento sulla cultura popolare: tendenze, valori, stereotipi, linguaggio.
- Discutere le sfide e le opportunità per l'industria dell'intrattenimento nel contesto digitale: streaming, piattaforme online, distribuzione indipendente.

L'analisi critica delle opere:

- Spiegare l'importanza dell'analisi critica del cinema e delle serie TV: interpretazione dei temi, analisi della regia, della sceneggiatura, della fotografia, della musica.
- Discutere i diversi metodi di analisi critica: analisi del linguaggio cinematografico, analisi del contesto storico e sociale, analisi dei temi e dei personaggi.
- Evidenziare il ruolo della critica cinematografica e televisiva nell'orientare il pubblico e nel contribuire al dibattito culturale.

La rappresentazione sociale e l'impatto culturale:

- Analizzare come il cinema e le serie TV riflettono e influenzano la società: rappresentazione del genere, della razza, della classe sociale, della cultura, della politica.
- Discutere l'impatto del cinema e delle serie TV sulla cultura popolare: stereotipi, valori, atteggiamenti, comportamenti, linguistica.
- Evidenziare il ruolo del cinema e delle serie TV nella creazione di identità, nella costruzione di immaginari collettivi e nella diffusione di idee.

Conclusione:

- Riassegnare i principali punti affrontati nella trattazione.
- Sottolineare l'importanza del cinema e delle serie TV come forme di intrattenimento, di espressione artistica e di riflessione sociale.
- Invitare a una fruizione critica del cinema e delle serie TV, alla consapevolezza del loro impatto culturale e alla necessità di un dibattito aperto e riflessivo sul loro ruolo nella società contemporanea.

SVILUPPO TRACCIA

Cinema e Serie TV: Specchi della Società e Forgiatori di Culture

Il cinema e le serie TV, da sempre strumenti di intrattenimento e di evasione, si sono evoluti nel tempo fino a diventare uno specchio della società e un potente motore di cultura. Le storie che raccontano, i personaggi che interpretano e i temi che affrontano riflettono le preoccupazioni, i valori e le tendenze della società contemporanea, influenzando il modo in cui le persone pensano, sentono e agiscono.

Tendenze in evoluzione: Il cinema e le serie TV contemporanee sono caratterizzati da una grande varietà di tendenze. Il cinema d'autore, con la sua attenzione all'originalità della narrazione e alla profondità dei personaggi, continua a attirare un pubblico appassionato. Il cinema indipendente, spesso realizzato con budget ridotti e un approccio innovativo, offre spesso un punto di vista diverso e critico sulla società. I blockbuster hollywoodiani, con le loro mega produzioni e i loro effetti speciali spettacolari, continuano a dominare il mercato di massa, attraendo un pubblico vasto e affascinato da storie epiche e avvincenti. Il cinema internazionale, con la sua varietà di culture e stili, ha creato un panorama cinematografico sempre più ricco e multiforme.

L'industria dell'intrattenimento: un gigante globale: L'industria dell'intrattenimento, un colosso economico che comprende studi cinematografici, case di produzione, distribuzione, marketing e pubblicità, ha un ruolo significativo nella cultura popolare. Le grandi aziende determinano le tendenze, i valori e gli stereotipi che si diffondono attraverso il cinema e le serie TV, influenzando il modo in cui le persone percepiscono il mondo. Il cinema e le serie TV spesso propongono immagini ideali di bellezza, di successo e di felicità, creando un'influenza potente sul consumo, sulle scelte di stile di vita e sull'autopercezione degli individui.

Analisi critica: decriptare le storie: Un'analisi critica del cinema e delle serie TV è fondamentale per comprendere il loro significato e il loro impatto sulla cultura e sulla società. L'analisi del linguaggio cinematografico, della regia, della sceneggiatura, della fotografia e della musica permette di svelare le intenzioni degli autori e di comprendere il messaggio che le opere desiderano trasmettere. L'analisi del contesto storico e sociale in cui le opere sono state realizzate contribuisce a interpretare i temi e i significati nascosti nelle storie raccontate.

Specchio della società: Cinema e serie TV sono uno specchio della società, riflettendo le sue preoccupazioni, le sue sfide e le sue aspirazioni. La rappresentazione del genere, della razza, della classe sociale, della cultura e della politica nella finzione cinematografica offre un'immagine della società e contribuisce a plasmare la percezione del mondo da parte degli individui. La cultura popolare è influenzata dagli stereotipi che si diffondono attraverso il cinema e le serie TV, che possono avere un impatto significativo sui valori, gli atteggiamenti e i comportamenti delle persone.

L'influenza sulla cultura: Cinema e serie TV sono un potente mezzo di diffusione culturale, contribuendo alla creazione di immaginari collettivi e alla diffusione di idee. Le storie raccontate sul grande schermo e sul piccolo schermo possono influenzare la lingua, la moda, la musica e gli stili di vita delle persone. Il cinema e le serie TV hanno il potere di muovere l'opinione pubblica, di generare un dibattito sociale e di ispirare il cambiamento.

Un futuro in continua evoluzione: Il cinema e le serie TV continueranno a evolversi in un mondo sempre più digitale, con nuove tecnologie che offrono nuove possibilità creative. L'influenza del cinema e delle serie TV sulla cultura popolare sarà sempre più significativa, con la necessità di una fruizione critica e un dibattito aperto e riflessivo sul loro ruolo nella società contemporanea.

Letteratura e nuovi linguaggi: l'evoluzione della letteratura contemporanea; i nuovi generi e le nuove forme di narrazione; l'influenza dei social media sulla scrittura; la lettura in un'epoca digitale.

SCALETTA

Introduzione:

- Definire la letteratura come forma di espressione artistica e il suo ruolo nella società.
- Sottolineare come la letteratura si è evoluta nel tempo, adattandosi ai cambiamenti sociali e tecnologici.
- Presentare gli aspetti che saranno analizzati: evoluzione della letteratura contemporanea, nuovi generi e forme di narrazione, influenza dei social media, la lettura nell'epoca digitale.

L'evoluzione della letteratura contemporanea:

- Discutere le principali tendenze della letteratura contemporanea: sperimentazione linguistica, ibridazione di generi, attenzione al sociale e al politico, autofiction, postmodernismo.
- Analizzare il ruolo dei movimenti letterari contemporanei: postmodernismo, minimalismo, realismo magico, neo-realismo, letteratura femminista, letteratura LGBTQ+.
- Evidenziare l'influenza della società contemporanea, dei cambiamenti culturali e tecnologici sulla letteratura.

I nuovi generi e le nuove forme di narrazione:

- Discutere l'emergere di nuovi generi letterari: fantasy, science fiction, graphic novel, web fiction, letteratura digitale.
- Analizzare le nuove forme di narrazione: frammentazione, non linearità, multimodalità, interattività, narrazione transmediale.
- Evidenziare come le nuove tecnologie hanno aperto nuove possibilità di narrazione e di lettura.

L'influenza dei social media sulla scrittura:

- Analizzare l'impatto dei social media sulla scrittura: microblogging, scrittura digitale, condivisione di testi online, interazione con i lettori.
- Discutere come i social media influenzano lo stile di scrittura: brevità, immediatezza, stile colloquiale, influenza del linguaggio online.
- Riflettere sull'influenza dei social media sulla creazione di nuove forme di scrittura: fanfiction, blog, web fiction, scrittura collaborativa.

La lettura in un'epoca digitale:

- Analizzare come la lettura si è trasformata nell'era digitale: e-book, lettura online, audiolibri, lettori digitali.
- Discutere l'impatto della digitalizzazione sulla fruizione dei testi: accessibilità, immediatezza, personalizzazione, interattività.
- Riflettere sui vantaggi e gli svantaggi della lettura digitale: facilità di accesso, portabilità, interattività, distrazioni, perdita di certi aspetti tattili della lettura tradizionale.

Conclusione:

- Riassegnare i principali punti affrontati nella trattazione.
- Sottolineare come la letteratura continua a evolversi in un mondo in continua trasformazione.
- Invitare a una riflessione critica sul futuro della letteratura nell'era digitale, sulle nuove forme di lettura e scrittura, e sull'influenza delle tecnologie sulla creatività e sul consumo culturale.

SVILUPPO TRACCIA

Letteratura e Nuovi Linguaggi: Un Dialogo Tra Tradizione e Innovazione

La letteratura, da sempre specchio della società e strumento di riflessione, attraversa un periodo di profonda trasformazione, plasmato dall'evoluzione della società e dall'influenza pervasiva delle tecnologie digitali. Nuove forme di narrazione, nuovi generi e nuove modalità di lettura stanno emergendo, ridefinendo il panorama letterario e il modo in cui interagiamo con la parola scritta.

Un'evoluzione in continua trasformazione: La letteratura contemporanea è caratterizzata da una grande varietà di tendenze. La sperimentazione linguistica, con l'uso di neologismi, di giochi di parole e di forme narrative non convenzionali, ha portato a opere innovative e originali. L'ibridazione di generi, con la fusione di romanzo, poesia, teatro e saggistica, ha creato forme narrative sempre più complesse e multidimensionali. L'autofiction, con la narrazione di esperienze personali e la fusione tra realtà e finzione, ha dato voce a nuovi punti di vista e a nuove sensibilità.

Nuovi generi e nuove forme di narrazione: L'emergere di nuovi generi, come il fantasy, la science fiction e il graphic novel, ha arricchito il panorama letterario con nuovi mondi e nuove storie. La letteratura digitale, con la nascita di web fiction e la condivisione di testi online, ha aperto nuove possibilità di creazione e di fruizione letteraria. Le nuove forme di narrazione, come la frammentazione, la non linearità, la multimodalità e l'interattività, offrono ai lettori un'esperienza più dinamica e coinvolgente.

L'influenza dei social media: I social media hanno avuto un impatto significativo sulla scrittura. Il microblogging, con la brevità e l'immediatezza dei messaggi, ha influenzato lo stile di scrittura, spesso colloquiale e diretto. La condivisione di testi online ha creato nuove forme di collaborazione tra scrittori e lettori. I social media sono diventati un luogo di condivisione di idee e di riflessioni letterarie, contribuendo alla diffusione di nuovi autori e di nuove tendenze.

La lettura nell'epoca digitale: La lettura si è trasformata nell'era digitale, con la diffusione di e-book, lettori digitali e audiolibri. La lettura digitale offre vantaggi significativi: accessibilità, portabilità, personalizzazione e interattività. Tuttavia, la digitalizzazione ha anche portato a nuovi problemi: distrazioni, perdita di certi aspetti tattili della lettura tradizionale e un potenziale distacco dalla materialità del libro.

Un futuro aperta alla creatività: La letteratura è in continua evoluzione, adattandosi ai cambiamenti della società e delle tecnologie. Le nuove forme di narrazione, i nuovi generi e le nuove modalità di lettura stanno creando un panorama letterario dinamico e affascinante. Il futuro della letteratura è aperto alla creatività, all'innovazione e al dialogo tra tradizione e modernità.

Musica e innovazione: le nuove tendenze musicali; l'influenza delle nuove tecnologie; la musica indipendente e la democratizzazione del processo creativo; il ruolo della musica nella società.

SCALETTA

Introduzione:

- Definire la musica come forma d'arte universale e il suo ruolo nella società.
- Spiegare come la musica è sempre stata influenzata dall'innovazione tecnologica.
- Presentare gli aspetti che saranno analizzati: nuove tendenze musicali, influenza della tecnologia, musica indipendente, democratizzazione del processo creativo, ruolo della musica nella società.

Le nuove tendenze musicali:

- Discutere le principali tendenze musicali contemporanee: trap, hip hop, reggaeton, pop elettronico, indie rock, folk revival, musica classica contemporanea.
- Analizzare le influenze culturali, sociali e tecnologiche che hanno contribuito a queste nuove tendenze.
- Evidenziare l'ibridazione di generi, la sperimentazione di nuove sonorità, l'utilizzo di strumenti e tecniche innovative.

L'influenza delle nuove tecnologie:

- Spiegare come le nuove tecnologie hanno trasformato il processo di creazione musicale: software di registrazione, strumenti digitali, produzioni musicali digitali, streaming musicale.
- Analizzare l'impatto delle tecnologie sulla diffusione della musica: piattaforme di streaming, social media, musica digitale, download.
- Discutere come le nuove tecnologie hanno democratizzato l'accesso alla musica: produzione indipendente, diffusione di musica indipendente, nuovi modelli di business.

La musica indipendente e la democratizzazione del processo creativo:

- Definire la musica indipendente e il suo ruolo nella scena musicale contemporanea.
- Spiegare come la musica indipendente ha sfidato le grandi case discografiche, offrendo nuove opportunità per artisti emergenti.
- Discutere l'influenza della musica indipendente sulle tendenze musicali e sulla cultura popolare.
- Evidenziare come le nuove tecnologie hanno democratizzato il processo creativo musicale, permettendo agli artisti di produrre, registrare e diffondere la propria musica in modo indipendente.

Il ruolo della musica nella società:

- Analizzare il ruolo della musica nella società: espressione culturale, identità, rituali, emozioni, protesta, movimenti sociali.
- Discutere come la musica ha contribuito a plasmare la cultura di diverse società e generazioni.
- Evidenziare l'impatto della musica sulla politica, sulla società, sulla vita quotidiana e sui comportamenti delle persone.

Conclusione:

- Riassegnare i principali punti affrontati nella trattazione.
- Sottolineare come la musica continua a evolversi e a innovare in un mondo in continua trasformazione.
- Invitare a una riflessione critica sul ruolo della musica nella società, sulle nuove tendenze musicali e sull'influenza delle tecnologie.

SVILUPPO TRACCIA

Musica e Innovazione: Un Dialogo Incessante tra Suono e Tecnologia

La musica, da sempre linguaggio universale e potente strumento di espressione, ha attraversato un'evoluzione continua, plasmata dall'innovazione tecnologica. Dalla nascita del grammofono alla diffusione dello streaming digitale, la musica ha subito trasformazioni profonde che hanno influenzato il modo in cui viene creata, registrata, diffusa e consumata, ridefinendo il ruolo della musica nella società.

Nuove sonorità, nuovi mondi: La scena musicale contemporanea è caratterizzata da una grande varietà di tendenze, con generi che si fondono e si reinventano, dando vita a nuove sonorità e a nuovi stili. Il trap, l'hip hop e il reggaeton, con i loro ritmi sincopati e testi spesso influenzati dalla cultura urbana, hanno conquistato un pubblico globale. Il pop elettronico, con l'utilizzo di sintetizzatori, drum machine e effetti digitali, ha creato nuovi suoni e nuove atmosfere. La musica indie, con la sua ricerca di nuove forme di espressione, continua a sfidare i confini tra i generi.

Tecnologia al servizio della musica: Le nuove tecnologie hanno rivoluzionato il processo di creazione musicale. Software di registrazione, strumenti digitali, produzioni musicali digitali e streaming musicale hanno aperto nuove possibilità agli artisti. La tecnologia ha rendere la creazione musicale più accessibile, consentendo agli artisti di produrre e registrare la propria musica in modo autonomo, senza la necessità di studi di registrazione tradizionali. Le piattaforme di streaming musicale, come Spotify e Apple Music, hanno cambiato il modo in cui la musica viene consumata, consentendo agli utenti di accedere a un catalogo vastissimo di brani in qualsiasi momento e luogo.

La musica indipendente: un nuovo panorama: La musica indipendente ha sfidato il dominio delle grandi case discografiche, offrendo nuove opportunità agli artisti emergenti. Le nuove tecnologie hanno per esempio per esempio democratizzato il processo creativo, permettendo agli artisti di produrre, registrare e diffondere la propria musica in modo indipendente, senza dipendere da label tradizionali. La musica indipendente ha contribuito a un panorama musicale più vario e dinamico, con nuovi generi e nuovi stili che hanno influenzato la cultura popolare.

Il ruolo della musica nella società: La musica ha sempre svolto un ruolo fondamentale nella società, esprimendo emozioni, identità, valori e credenze. La musica ha contribuito a unire le persone in rituali, feste e movimenti sociali. La musica ha il potere di trasmettere messaggi politici, di ispirare il cambiamento e di dare voce a nuove idee.

Un futuro in continua evoluzione: La musica continuerà a evolversi, influenzata dall'innovazione tecnologica e dai cambiamenti sociali. Le nuove tecnologie apriranno nuove possibilità creative e nuove forme di fruizione musicale. Il ruolo della musica nella società rimarrà fondamentale, offrendo una fonte di ispirazione, di emozione e di connessione tra le persone.

Il ruolo della cultura nella società: la cultura come strumento di dialogo e di inclusione; la tutela dei beni culturali e della diversità; il ruolo delle istituzioni culturali; la democratizzazione della cultura.

SCALETTA

Introduzione:

- Definire la cultura come un insieme di valori, tradizioni, arti, modi di vivere e conoscenze che caratterizzano un gruppo sociale o una società.
- Evidenziare l'importanza della cultura come elemento fondamentale per la coesione sociale, l'identità e lo sviluppo di una società.
- Presentare gli aspetti che saranno analizzati: il ruolo della cultura nel dialogo e nell'inclusione, la tutela dei beni culturali e della diversità, il ruolo delle istituzioni culturali e la democratizzazione della cultura.

La cultura come strumento di dialogo e di inclusione:

- Spiegare come la cultura possa favorire il dialogo e la comprensione reciproca tra persone di culture diverse.
- Analizzare il ruolo della cultura nella promozione della tolleranza, del rispetto e dell'accettazione della diversità.
- Fornire esempi di come la cultura può creare ponti tra culture diverse, come attraverso eventi culturali, festival e scambi interculturali.

La tutela dei beni culturali e della diversità:

- Evidenziare l'importanza della tutela dei beni culturali, come monumenti, siti archeologici, opere d'arte, tradizioni e lingue.
- Discutere le sfide per la tutela dei beni culturali in un mondo globalizzato: il rischio di perdita di identità culturale, la spinta all'omogeneizzazione culturale, la necessità di proteggere la diversità culturale.
- Riflettere sul ruolo degli Stati e delle organizzazioni internazionali nella tutela dei beni culturali e nella promozione della diversità culturale.

Il ruolo delle istituzioni culturali:

- Analizzare il ruolo delle istituzioni culturali, come musei, teatri, biblioteche, archivi e centri culturali, nella promozione della cultura e della conoscenza.
- Discutere le sfide che affrontano le istituzioni culturali: il finanziamento, l'accessibilità, l'attrazione del pubblico, l'adattamento alle nuove tecnologie.
- Riflettere sul ruolo degli Stati e dei privati nel sostenere le istituzioni culturali e nella democratizzazione dell'accesso alla cultura.

La democratizzazione della cultura:

- Spiegare il concetto di democratizzazione della cultura, rendendo la cultura accessibile a tutti, indipendentemente da ceto sociale, razza, genere, orientamento sessuale o disabilità.
- Discutere le strategie per democratizzare la cultura: l'accessibilità fisica e economica ai beni culturali, la promozione di eventi culturali gratuiti o a basso costo, l'utilizzo delle nuove tecnologie per diffondere la cultura.
- Riflettere sull'importanza di creare una cultura inclusiva e partecipativa, in cui tutti possano esprimere la propria creatività e contribuire alla vita culturale della società.

Conclusione:

- Riassegnare i punti chiave affrontati nella trattazione.
- Sottolineare l'importanza della cultura come elemento fondamentale per la coesione sociale, l'identità e lo sviluppo di una società.
- Invitare a un impegno collettivo per promuovere una cultura inclusiva, partecipativa e accessibile a tutti, proteggendo la diversità culturale e valorizzando il patrimonio culturale delle diverse società.

SVILUPPO TRACCIA

La Cultura: Un Ponte Tra Diversità e Coesione

La cultura è un filo conduttore che unisce l'umanità, un tessuto ricco di valori, tradizioni, arti e conoscenze che caratterizzano ogni società. È un elemento fondamentale per la coesione sociale, l'identità e lo sviluppo di un popolo, offrendo un terreno fertile per il dialogo, la comprensione reciproca e la promozione di un futuro più inclusivo e armonioso.

La cultura come ponte tra diversità: In un mondo sempre più globalizzato, la cultura assume un ruolo fondamentale nel favorire il dialogo e la comprensione reciproca tra persone di culture diverse. Attraverso la condivisione di arte, musica, letteratura, tradizioni e valori, si possono creare ponti tra culture diverse, superando pregiudizi e stereotipi e promuovendo la tolleranza, il rispetto e l'accettazione della diversità.

La tutela del patrimonio culturale: La tutela dei beni culturali, come monumenti, siti archeologici, opere d'arte, tradizioni e lingue, è fondamentale per preservare la memoria storica e culturale di un popolo. La perdita di beni culturali rappresenta una perdita irreparabile per l'umanità, e la loro tutela è un dovere morale e sociale. In un mondo in continua evoluzione, la tutela dei beni culturali è fondamentale per preservare la diversità culturale e per tramandare alle future generazioni il ricco patrimonio della nostra storia.

Il ruolo delle istituzioni culturali: Le istituzioni culturali, come musei, teatri, biblioteche, archivi e centri culturali, giocano un ruolo fondamentale nella promozione della cultura e della conoscenza. Queste istituzioni offrono uno spazio per la condivisione della cultura, la diffusione del sapere e la creazione di nuove forme di espressione artistica. Tuttavia, le istituzioni culturali affrontano sfide significative, come il finanziamento, l'accessibilità e l'attrazione del pubblico.

La democratizzazione della cultura: La democratizzazione della cultura è fondamentale per rendere la cultura accessibile a tutti, indipendentemente da ceto sociale, razza, genere, orientamento sessuale o disabilità. È necessario promuovere l'accessibilità fisica e economica ai beni culturali, organizzare eventi culturali gratuiti o a basso costo e utilizzare le nuove tecnologie per diffondere la cultura a un pubblico più ampio. La democratizzazione della cultura è un elemento fondamentale per creare una società più equa e inclusiva.

Un futuro culturale inclusivo: La cultura è un elemento fondamentale per costruire un futuro più inclusivo e armonioso. È necessario investire nella tutela dei beni culturali, sostenere le istituzioni culturali e promuovere l'accesso alla cultura per tutti. La cultura è un ponte tra le diverse società e una fonte di ispirazione e di creatività per l'umanità. Attraverso la cultura, possiamo costruire un futuro più equo, tollerante e armonioso per tutti.

La musica e l'identità: la musica come espressione di identità culturale; la musica e le nuove tecnologie; l'influenza della musica sulla società; la musica e la globalizzazione.

SCALETTA

Introduzione:

- Definire la musica come un linguaggio universale che trascende le barriere linguistiche e culturali.
- Sottolineare l'importanza della musica nella vita umana e nella società, come forma di espressione artistica, di intrattenimento, di rituale e di comunicazione.
- Presentare gli aspetti che saranno analizzati: la musica come espressione di identità culturale, l'impatto delle nuove tecnologie, l'influenza della musica sulla società e il ruolo della globalizzazione.

La musica come espressione di identità culturale:

- Spiegare come la musica sia un potente strumento di espressione della cultura di un popolo o di un gruppo sociale.
- Analizzare come la musica rifletta i valori, le tradizioni, le storie e le emozioni di una cultura.
- Fornire esempi di generi musicali che rappresentano l'identità culturale di diverse società: il blues afroamericano, la musica folk europea, il reggae giamaicano, la musica classica occidentale.

La musica e le nuove tecnologie:

- Discutere l'impatto delle nuove tecnologie sulla produzione, la diffusione e il consumo della musica.
- Analizzare l'influenza di Internet e dello streaming musicale sul modo in cui la musica viene creata, registrata, prodotta e consumata.
- Riflettere sull'influenza delle nuove tecnologie sul panorama musicale contemporaneo, come la crescita della musica indipendente e l'emergere di nuovi generi musicali.

L'influenza della musica sulla società:

- Analizzare l'influenza della musica su aspetti sociali come le mode, i comportamenti e le ideologie.
- Discutere il ruolo della musica come strumento di protesta sociale, di rivoluzione culturale e di promozione di valori etici.
- Fornire esempi di movimenti musicali che hanno influenzato la società: il rock and roll, il punk rock, il hip hop, la musica protest song.

La musica e la globalizzazione:

- Discutere il ruolo della globalizzazione nella diffusione di generi musicali in tutto il mondo.
- Analizzare come la globalizzazione ha portato a un ibridazione di generi musicali e a nuove forme di espressione artistica.
- Riflettere sul ruolo della musica nell'unire le diverse culture e nella promozione di un mondo più inclusivo e interconnesso.

Conclusione:

- Riassegnare i punti chiave affrontati nella trattazione.
- Sottolineare l'importanza della musica come elemento fondamentale della cultura umana, in grado di esprimere l'identità, di influenzare la società e di creare ponti tra le diverse culture.
- Invitare a un impegno collettivo per promuovere la musica come mezzo di espressione artistica, di dialogo e di costruzione di un futuro più inclusivo e armonioso.

SVILUPPO TRACCIA

La Musica: Un Linguaggio Universale che Vibra di Identità

La musica è un linguaggio universale che trascende le barriere linguistiche e culturali. Un potente strumento di espressione artistica, di intrattenimento, di rituale e di comunicazione, la musica ha accompagnato l'umanità fin dalle sue origini, intrecciandosi con la vita sociale e culturale di ogni popolo. Nel corso dei secoli, la musica si è evoluta e trasformata, riflettendo i cambiamenti della società e esprimendo l'identità culturale di ogni popolo. Oggi, in un mondo sempre più globalizzato, la musica continua a giocare un ruolo fondamentale nell'unire le diverse culture e nel promuovere la comprensione reciproca.

La musica come espressione dell'anima di un popolo: La musica è uno specchio della cultura di un popolo, un riflesso dei suoi valori, delle sue tradizioni, delle sue storie e delle sue emozioni. Ogni genere musicale è un linguaggio unico che racconta una storia, un modo di vivere, una visione del mondo. Il blues afroamericano, con le sue melodie malinconiche e i testi carichi di significato, racconta la storia della soppressione e della resistenza della comunità nera americana. La musica folk europea, con i suoi ritmi tradizionali e le canzoni che narrano storie di vita rurale, esprime la cultura di un popolo legato alla terra e alle sue radici.

La musica nel mondo digitale: Le nuove tecnologie hanno rivoluzionato il modo in cui la musica viene creata, registrata, prodotta e consumata. L'avvento di Internet e dello streaming musicale ha democratizzato l'accesso alla musica, permettendo agli artisti indipendenti di raggiungere un pubblico globale senza la necessità di passare attraverso le case discografiche tradizionali. Questa rivoluzione digitale ha portato alla crescita della musica indipendente e all'emergere di nuovi generi musicali, come l'elettronica e l'hip hop.

L'influenza della musica sulla società: La musica non è solo un mezzo di intrattenimento, ma un potente strumento di influenza sociale. Ha il potere di plasmare le mode, i comportamenti e le ideologie di un'epoca. Il rock and roll, con la sua energia rivoluzionaria, ha rappresentato un simbolo di ribellione e di libertà per le generazioni degli anni '50 e '60. Il punk rock, con la sua attitudine anticonformista, ha sfidato le convenzioni sociali e ha dato voce alla rabbia e alla frustrazione di una generazione. La musica protest song, con i suoi testi impegnati e le melodie commoventi, ha dato voce alle lotte per i diritti civili e per la giustizia sociale.

La globalizzazione della musica: La globalizzazione ha portato a un'ibridazione dei generi musicali, con la fusione di influenze e stili diversi. La musica latinoamericana, con i suoi ritmi travolgenti e le sue melodie passionali, ha influenzato la musica pop e il reggae. La musica elettronica ha assorbito influenze dalla musica classica, dal jazz e dalla world music. La globalizzazione ha creato un panorama musicale sempre più vario e interconnesso, con artisti di tutto il mondo che collaborano e si ispirano reciprocamente.

La musica come ponte verso il futuro: La musica continua a essere un elemento fondamentale della cultura umana, un linguaggio universale che unisce le diverse società e promuove la comprensione reciproca. In un mondo sempre più globalizzato e interconnesso, la musica ha il potere di creare ponti tra culture diverse, di dare voce alle emozioni e alle esperienze umane e di promuovere un futuro più inclusivo e armonioso.

Il cinema e la realtà: il cinema come specchio della società; la rappresentazione di temi sociali e politici; il ruolo del cinema nella formazione; il cinema e l'immaginario collettivo.

SCALETTA

Introduzione:

- Definire il cinema come una forma d'arte complessa che combina immagini, suoni, storie e personaggi per creare un'esperienza immersiva.
- Sottolineare il ruolo del cinema nella società, non solo come forma di intrattenimento, ma anche come mezzo di espressione artistica, di riflessione sociale e di formazione.
- Presentare gli aspetti che saranno analizzati: il cinema come specchio della società, la rappresentazione di temi sociali e politici, il ruolo del cinema nella formazione e l'influenza del cinema sull'immaginario collettivo.

Il cinema come specchio della società:

- Spiegare come il cinema possa riflettere i valori, le idee, le aspirazioni e le problematiche di una determinata società e epoca.
- Analizzare come il cinema possa raccontare la storia di un popolo o di una cultura, attraverso la rappresentazione di eventi storici, costumi sociali e modi di vivere.
- Fornire esempi di film che offrono uno spaccato della società in cui sono stati realizzati: "Quarto Potere" di Orson Welles (USA, 1941), "Roma" di Alfonso Cuarón (Messico, 2018), "Parasite" di Bong Joon-ho (Corea del Sud, 2019).

La rappresentazione di temi sociali e politici:

- Discutere il ruolo del cinema nella rappresentazione di temi sociali e politici contemporanei: disuguaglianze sociali, crisi economica, conflitti internazionali, discriminazione, problemi ambientali.
- Analizzare come il cinema possa sollevare questioni sociali e politiche e incoraggiare il dibattito pubblico su temi rilevanti.
- Fornire esempi di film che hanno trattato temi sociali e politici in modo significativo: "I Miserabili" di Victor Hugo (Francia, 1934), "Schindler's List" di Steven Spielberg (USA, 1993), "The Social Network" di David Fincher (USA, 2010).

Il ruolo del cinema nella formazione:

- Spiegare come il cinema possa essere un potente strumento di formazione e di educazione.
- Analizzare il ruolo del cinema nell'insegnamento della storia, della cultura, delle arti, delle scienze e delle lingue.

- Fornire esempi di film che possono essere utilizzati a scopo educativo: "Gandhi" di Richard Attenborough (India, Gran Bretagna, 1982), "Apollo 13" di Ron Howard (USA, 1995), "La Vita è Bella" di Roberto Benigni (Italia, 1997).

Il cinema e l'immaginario collettivo:

- Discutere l'influenza del cinema sull'immaginario collettivo, sul modo in cui le persone percepiscono il mondo e le loro relazioni con gli altri.
- Analizzare come il cinema possa influenzare i valori, le aspirazioni e le paure di un'epoca, attraverso la rappresentazione di personaggi iconici, di temi universali e di scenari futuristici.
- Fornire esempi di film che hanno influenzato l'immaginario collettivo: "Casablanca" di Michael Curtiz (USA, 1942), "2001: Odissea nello Spazio" di Stanley Kubrick (USA, Gran Bretagna, 1968), "Matrix" di Lana e Lilly Wachowski (USA, Australia, 1999).

Conclusione:

- Riassegnare i punti chiave affrontati nella trattazione.
- Sottolineare il ruolo complesso e multiforme del cinema nella società, come mezzo di espressione artistica, di riflessione sociale, di formazione e di influenza sull'immaginario collettivo.
- Invitare a un impegno collettivo per promuovere un cinema di qualità, che sappia raccontare la realtà in modo critico e responsabile, stimolando il dibattito pubblico e offrendo uno spunto di riflessione per il futuro.

SVILUPPO TRACCIA

Il Cinema: Uno Specchio del Mondo e Un Proiettore di Sogni

Il cinema, un'arte che unisce immagini in movimento, suoni e storie per creare un'esperienza immersiva, è molto più che un semplice mezzo di intrattenimento. È uno specchio che riflette la realtà sociale e politica del suo tempo, un proiettore di sogni e un potente strumento di formazione e influenza sull'immaginario collettivo. Attraverso le sue narrazioni e i suoi personaggi, il cinema ci conduce in un viaggio attraverso il mondo, facendoci riflettere sulle sfide e le opportunità della vita umana.

Lo specchio della società: Il cinema è un potente strumento di osservazione della società in cui nasce. Attraverso le sue storie, il cinema ci mostra i valori, le idee, le aspirazioni e le problematiche di un'epoca. "Quarto Potere" di Orson Welles (USA, 1941), con la sua critica acuta al potere della stampa e alle manipolazioni mediatiche, rifletteva il clima politico e sociale degli Stati Uniti durante la Seconda Guerra Mondiale. "Roma" di Alfonso Cuarón (Messico,

2018), con la sua rappresentazione realistica della vita di una famiglia messicana negli anni '70, offre uno spaccato della società messicana di quel periodo, con i suoi conflitti sociali e politici.

La voce dei tempi: Il cinema ha sempre dato voce ai temi sociali e politici che hanno caratterizzato la storia dell'umanità. "I Miserabili" di Victor Hugo (Francia, 1934), con la sua denuncia della disuguaglianza sociale e della povertà, è un esempio classico di come il cinema possa diventare una piattaforma per la riflessione e il dibattito pubblico su temi sociali rilevanti. "Schindler's List" di Steven Spielberg (USA, 1993), con la sua commovente rappresentazione dell'Olocausto, ha contribuito a sensibilizzare l'opinione pubblica sulla tragedia del genocidio e a promuovere la memoria storica.

L'aula del cinema: Il cinema è un potente strumento di formazione e di educazione. Può essere utilizzato per insegnare la storia, la cultura, le arti, le scienze e le lingue in modo coinvolgente e accessibile. "Gandhi" di Richard Attenborough (India, Gran Bretagna, 1982), con la sua narrazione epica della vita e della lotta di Gandhi per l'indipendenza dell'India, ha contribuito a diffondere la conoscenza della storia dell'India e dei movimenti per i diritti civili. "Apollo 13" di Ron Howard (USA, 1995), con la sua rappresentazione realistica della missione spaziale Apollo 13, ha offerto una lezione di ingegneria, di scienza e di coraggio umano.

L'immaginario che ci accompagna: Il cinema ha il potere di influenzare l'immaginario collettivo, il modo in cui le persone percepiscono il mondo e le loro relazioni con gli altri. "Casablanca" di Michael Curtiz (USA, 1942), con la sua storia d'amore e di coraggio ambientata nella Seconda Guerra Mondiale, ha contribuito a creare un'immagine romantica e idealizzata della resistenza e dell'eroismo in tempi di guerra. "2001: Odissea nello Spazio" di Stanley Kubrick (USA, Gran Bretagna, 1968), con la sua visione futuristica dell'esplorazione spaziale, ha influenzato l'immaginario sull'uomo e sul suo posto nell'universo.

Un futuro che si proietta: Il cinema continua a essere un mezzo di espressione artistica e di riflessione sociale potentissimo. Il suo ruolo è fondamentale per raccontare la realtà in modo critico e responsabile, stimolando il dibattito pubblico e offrendo uno spunto di riflessione per il futuro. Il cinema ha il potere di unire le persone attraverso le storie e di offrire una visione del mondo che possa ispirare il cambiamento e il progresso.

La letteratura e il futuro: le nuove tendenze letterarie; la letteratura e la tecnologia; la lettura digitale; la letteratura e la memoria storica.

SCALETTA

Introduzione:

- Definire la letteratura come un'arte che si esprime attraverso la parola scritta e che ha il potere di trasportare il lettore in mondi immaginari, di esplorare l'animo umano e di riflettere sulla realtà.
- Sottolineare l'evoluzione della letteratura nel corso della storia, con nuovi generi letterari, nuovi stili e nuove forme di espressione.
- Presentare gli aspetti che saranno analizzati: le nuove tendenze letterarie, l'influenza della tecnologia, la lettura digitale e il ruolo della letteratura nella memoria storica.

Le nuove tendenze letterarie:

- Discutere le nuove tendenze letterarie che stanno emergendo nel panorama letterario contemporaneo.
- Analizzare l'influenza di aspetti sociali, culturali e tecnologici sull'evoluzione della letteratura.
- Fornire esempi di generi letterari emergenti, come la letteratura postmoderna, la letteratura fantascientifica contemporanea, la letteratura di viaggio e la letteratura di non finzione.

La letteratura e la tecnologia:

- Analizzare l'impatto delle nuove tecnologie sulla letteratura: la scrittura digitale, la pubblicazione online, la lettura su dispositivi elettronici, l'influenza dei social media.
- Discutere il ruolo della tecnologia nella diffusione della letteratura, nell'accesso a testi classici e contemporanei e nella creazione di nuovi modi di esprimere la creatività letteraria.
- Riflettere sul rapporto tra letteratura e tecnologia, in un'epoca in cui le nuove tecnologie stanno modificando il modo in cui leggiamo, scriviamo e interagiamo con la letteratura.

La lettura digitale:

- Esaminare l'evoluzione della lettura in un'epoca digitale: la lettura su e-reader, tablet e smartphone, l'accesso a biblioteche digitali, la diffusione di testi in formato digitale.
- Discutere i vantaggi e gli svantaggi della lettura digitale: la portabilità, l'accessibilità, la possibilità di personalizzare l'esperienza di lettura, ma anche i rischi per la concentrazione e la memoria.
- Riflettere sull'evoluzione del rapporto tra lettore e testo in un'epoca in cui la tecnologia sta modificando il modo in cui leggiamo.

La letteratura e la memoria storica:

- Analizzare il ruolo della letteratura nella preservazione della memoria storica e nella trasmissione delle esperienze del passato.
- Discutere come la letteratura possa aiutare a comprendere il passato e a riflettere sul presente.
- Fornire esempi di opere letterarie che hanno rappresentato momenti storici significativi: "Guerra e Pace" di Lev Tolstoj, "Il Nome della Rosa" di Umberto Eco, "La Storia" di Elsa Morante.

Conclusione:

- Riassegnare i punti chiave affrontati nella trattazione.
- Sottolineare l'importanza della letteratura come forma di espressione artistica, di riflessione sul mondo e di trasmissione della memoria storica.
- Invitare a un impegno collettivo per promuovere la lettura e la scrittura, in tutte le sue forme, in un'epoca in cui la tecnologia sta modificando il rapporto tra l'uomo e la letteratura.

SVILUPPO TRACCIA

La Letteratura: Un Faro nel Mare del Tempo che Illumina il Futuro

La letteratura è un faro nel mare del tempo, un luogo dove le parole prendono vita e ci guidano attraverso mondi immaginari, profondità psicologiche e riflessioni sulla realtà. Nel corso della storia, la letteratura ha riflesso i cambiamenti della società, ha dato voce alle emozioni umane e ha tramandato la memoria storica alle generazioni future. Oggi, in un'epoca caratterizzata da un'esplosione tecnologica senza precedenti, la letteratura continua a evolversi e ad adattarsi al nuovo panorama digitale, offrendo nuove possibilità di espressione e di accesso alla conoscenza.

Nuove traiettorie letterarie: Il panorama letterario contemporaneo è caratterizzato da nuove tendenze e generi letterari. La letteratura postmoderna, con la sua sfida alle convenzioni narrative e la sua ricerca dell'autoreferenzialità, ha aperto nuove vie per la creatività letteraria. La fantascienza contemporanea, con la sua spinta verso l'esplorazione di futuri possibili e di nuove tecnologie, riflette l'interesse crescente per il rapporto tra l'uomo e la tecnologia. Generi come la letteratura di viaggio e la letteratura di non finzione hanno acquisito un nuovo vigore, offrendo al lettore un approccio più diretto e realistico alla realtà.

La tecnologia al servizio della parola: La tecnologia ha influenzato profondamente il mondo della letteratura. La scrittura digitale ha reso più facile e accessibile la creazione di testi, mentre la pubblicazione online ha aperto nuove possibilità per gli autori indipendenti di raggiungere un pubblico globale. La lettura su dispositivi elettronici ha reso più facile e pratica l'accesso alla letteratura, con la possibilità di portare con sé una biblioteca intera in un dispositivo compatto. Anche i social media hanno influenzato la letteratura, creando nuovi modi di condividere e discutere di libri e di promuovere la lettura.

La lettura digitale: un nuovo modo di vivere la letteratura: La lettura digitale ha portato a un nuovo modo di interagire con i testi. La possibilità di personalizzare l'esperienza di lettura, con la scelta del font, della grandezza del testo e della illuminazione, ha reso la lettura più accessibile e comoda. Tuttavia, la lettura digitale presenta anche sfide: la distrazione dovuta alle notifiche dei dispositivi, la difficoltà di concentrazione e il rischio di perdita di memoria a lungo termine.

La memoria storica tramandata attraverso le parole: La letteratura ha sempre giocato un ruolo fondamentale nella preservazione della memoria storica e nella trasmissione delle esperienze del passato. Attraverso le sue narrazioni, la letteratura ci permette di vivere la storia in prima persona, di comprendere le emozioni, i valori e le sfide di un'epoca. "Guerra e Pace" di Lev Tolstoj ci trasporta nella Russia del XIX secolo, facendoci vivere le turbolenze della guerra e i cambiamenti sociali di un'epoca cruciale. "Il Nome della Rosa" di Umberto Eco ci porta nel Medioevo, svelando le tenebrose segreti di un'epoca di transizione e di conflitto.

Un futuro letterario aperto alle possibilità: La letteratura continua a essere un faro nel mare del tempo, un luogo di riflessione, di creatività e di trasmisssione della memoria storica. In un'epoca digitale, la letteratura ha acquisito nuove forme e nuove possibilità, ma ha mantenuto il suo potere di trasportare il lettore in mondi immaginari, di esplorare l'animo umano e di riflettere sulla realtà. È un futuro aperto alle possibilità, dove la letteratura continua a essere un elemento fondamentale della cultura umana, in grado di ispirare, di educare e di dar voce alla creatività e all'immaginazione dell'uomo.

L'arte contemporanea e la società: le nuove forme di arte contemporanea; l'arte e la critica sociale; l'arte e la tecnologia; l'arte e il pubblico.

SCALETTA

Introduzione:

- Definire l'arte contemporanea come il complesso panorama artistico che si è sviluppato a partire dalla seconda metà del XX secolo, caratterizzato da una grande varietà di forme, linguaggi e tendenze.
- Sottolineare il ruolo dell'arte contemporanea nella società, non solo come forma di espressione estetica, ma anche come strumento di riflessione sociale, di critica culturale e di dialogo con il pubblico.
- Presentare gli aspetti che saranno analizzati: le nuove forme di arte contemporanea, l'arte come strumento di critica sociale, il ruolo della tecnologia nell'arte, il rapporto tra arte e pubblico.

Le nuove forme di arte contemporanea:

- Discutere la grande varietà di forme e linguaggi che caratterizzano l'arte contemporanea: dalla pittura e la scultura alle performance, installazioni, video art, arte concettuale, arte digitale, land art, arte performativa, arte relazionale.
- Analizzare le principali tendenze dell'arte contemporanea: la decostruzione dei linguaggi tradizionali, l'utilizzo di materiali non convenzionali, la ricerca di nuove forme di interazione con il pubblico, la critica al sistema dell'arte e alla società.
- Fornire esempi di artisti contemporanei che incarnano queste nuove forme e tendenze: Andy Warhol, Jeff Koons, Marina Abramović, Ai Weiwei, Olafur Eliasson, Banksy.

L'arte e la critica sociale:

- Evidenziare il ruolo dell'arte contemporanea come strumento di critica sociale, di denuncia delle ingiustizie e delle discriminazioni, di riflessione sulle problematiche sociali e politiche contemporanee.
- Analizzare come l'arte possa sollevare questioni di genere, di razza, di classe sociale, di ambiente, di guerra e di violenza.
- Fornire esempi di opere d'arte contemporanee che si occupano di critica sociale: le opere di Banksy, le installazioni di Ai Weiwei, le performance di Marina Abramović, le fotografie di Steve McCurry.

L'arte e la tecnologia:

- Discutere l'impatto delle nuove tecnologie sull'arte contemporanea: l'arte digitale, l'arte interattiva, le installazioni multimediali, l'utilizzo di software e hardware per creare opere d'arte.
- Analizzare il rapporto tra arte e tecnologia, sottolineando sia le possibilità che i limiti di questa relazione.
- Fornire esempi di artisti che utilizzano la tecnologia nelle loro opere: Refik Anadol, TeamLab, Cory Arcangel.

L'arte e il pubblico:

- Riflettere sulla relazione tra arte e pubblico nell'arte contemporanea, evidenziando come l'arte contemporanea spesso si interroghi sul ruolo del pubblico e sul modo in cui esso interagisce con l'opera d'arte.
- Discutere l'importanza dell'accessibilità e della partecipazione del pubblico all'arte contemporanea.
- Analizzare le sfide per la diffusione dell'arte contemporanea e per creare un dialogo significativo tra artisti e pubblico.

Conclusione:

- Riassegnare i punti chiave affrontati nella trattazione.
- Sottolineare la rilevanza dell'arte contemporanea come forma di espressione artistica, di critica sociale e di dialogo con il pubblico in un mondo in continua evoluzione.
- Invitare a un impegno collettivo per promuovere l'arte contemporanea, rendendola più accessibile a tutti e favorire un dibattito pubblico approfondito sui temi sollevati dall'arte contemporanea.

SVILUPPO TRACCIA

L'Arte Contemporanea: Uno Specchio della Società in Continuo Movimento

L'arte contemporanea, un panorama artistico ricco di forme e linguaggi innovativi, è molto più che una semplice espressione estetica. È uno specchio che riflette le complesse dinamiche della società contemporanea, un proiettore di idee e un terreno fertile per la critica sociale e il dialogo con il pubblico. L'arte contemporanea ci interroga sul mondo in cui viviamo, sulle sfide che ci affrontano e sui valori che ci guidano.

Nuovi Linguaggi e Nuove Forme: L'arte contemporanea ha abbracciato nuove forme di espressione artistica, superando i limiti dei linguaggi tradizionali della pittura e della scultura. Le performance di Marina Abramović, che sfidano i confini tra arte e vita, o le installazioni immersive di Olafur Eliasson, che ci invitano a riflettere sulla nostra relazione con l'ambiente, sono esempi di come l'arte contemporanea stia ricercando nuovi modi di interagire con lo spazio, il tempo e il pubblico.

La Voce della Critica Sociale: L'arte contemporanea ha sempre svolto un ruolo cruciale nella critica sociale, denunciando le ingiustizie e le discriminazioni e invitando a riflettere su temi urgenti come la guerra, la povertà, la disuguaglianza sociale, i cambiamenti climatici e la crisi identitaria. Le opere di Banksy, con il loro stile ironico e provocatorio, hanno sollevato questioni etiche e politiche contemporanee, mentre le installazioni di Ai Weiwei hanno denunciato la violazione dei diritti umani e la censura in Cina.

La Tecnologia al Servizio dell'Arte: Le nuove tecnologie hanno aperto nuove possibilità per gli artisti contemporanei. L'arte digitale, l'arte interattiva e le installazioni multimediali hanno rivoluzionato il modo in cui l'arte viene creata e sperimentata. Refik Anadol, ad esempio, utilizza algoritmi di intelligenza artificiale per creare installazioni immersive che trasformano i dati in opere d'arte evocative. TeamLab, un collettivo di artisti giapponesi, realizza opere che fondono arte, tecnologia e natura, creando esperienze sensoriali uniche.

L'Arte e il Pubblico: L'arte contemporanea non è destinata a un pubblico di élite, ma si interroga sul ruolo del pubblico e sul modo in cui esso interagisce con l'opera d'arte. La partecipazione del pubblico è fondamentale per comprendere e interpretare l'arte contemporanea. L'arte contemporanea invita il pubblico a riflettere, a partecipare e a diventare parte della creazione artistica.

Un Impegno Collettivo: L'arte contemporanea è un linguaggio vivo e in continua evoluzione, uno specchio della società in cui viviamo. Promuovere l'arte contemporanea, renderla più accessibile a tutti e favorire un dibattito pubblico approfondito sui temi sollevati dall'arte contemporanea è fondamentale per costruire un futuro più inclusivo, riflessivo e creativo. L'arte contemporanea ci invita a guardare il mondo con occhi nuovi, a mettere in questione le nostre convenzioni e a immaginare un futuro più giusto e equo per tutti.

Il cinema e la televisione: le nuove tendenze nel cinema e nella televisione; il ruolo delle piattaforme di streaming; il cinema indipendente e la diversità creativa.

SCALETTA

Introduzione:

- Definire il cinema e la televisione come due importanti forme di intrattenimento che hanno profondamente influenzato la cultura e la società.
- Sottolineare l'evoluzione di queste forme di comunicazione nell'era digitale e l'impatto delle nuove tecnologie.
- Presentare gli aspetti che saranno analizzati: le nuove tendenze, il ruolo delle piattaforme di streaming, il cinema indipendente e la diversità creativa.

Le nuove tendenze nel cinema e nella televisione:

- Analizzare le tendenze emergenti nel cinema contemporaneo: nuovi generi, nuove tecniche narrative, film d'autore e film di genere, cinema di consumo e cinema di nicchia.
- Discutere l'influenza dei social media e delle nuove tecnologie sulla produzione e sul consumo del cinema.
- Riflettere sul ruolo del cinema come strumento di critica sociale, di riflessione e di formazione del pubblico.

Il ruolo delle piattaforme di streaming:

- Spiegare l'ascesa delle piattaforme di streaming come Netflix, Amazon Prime Video, Disney+ e HBO Max.
- Analizzare l'impatto di queste piattaforme sull'industria cinematografica e televisiva: produzione di contenuti originali, nuovi modelli di distribuzione e consumo, concorrenza con i canali tradizionali.
- Discutere il ruolo di queste piattaforme nella promozione di film indipendenti e di una maggiore diversità creativa.

Il cinema indipendente e la diversità creativa:

- Definire il cinema indipendente come un cinema che non dipende da grandi studi e che si distingue per la sua autonomia creativa e per la sua attenzione a temi e prospettive non tradizionali.
- Analizzare il ruolo del cinema indipendente nella promozione di una maggiore diversità creativa, nella rappresentazione di tematiche sociali e culturali di marginalità, nella sperimentazione di nuovi linguaggi cinematografici.
- Evidenziare l'impatto del cinema indipendente sulla cultura e sul dibattito sociale.

Conclusione:

- Riassegnare i punti chiave affrontati nella trattazione.
- Sottolineare l'importanza del cinema e della televisione come forme di intrattenimento che influenzano la cultura e la società.
- Invitare a un impegno per promuovere la diversità creativa, il cinema indipendente e la produzione di contenuti di qualità nel panorama cinematografico e televisivo contemporaneo.

SVILUPPO TRACCIA

Cinema e Televisione: Un Paesaggio in Evoluzione Tra Tradizione e Innovazione

Cinema e televisione, due forme di intrattenimento che hanno da sempre modellato la cultura e la società, si trovano oggi a navigare in un paesaggio in continua evoluzione. L'avvento delle piattaforme di streaming e la diffusione di nuove tecnologie hanno rivoluzionato il modo in cui produciamo e consumiamo contenuti, portando a nuove tendenze e a un panorama creativo sempre più pluralistico.

Il Cinema: Un Mondo in Trasformazione: Il cinema contemporaneo è caratterizzato da un'ampia gamma di generi e stili, dalle grandi produzioni hollywoodiane ai film d'autore e ai documentari innovativi. La tecnologia ha aperto nuove possibilità narrative e visive, con l'utilizzo di effetti speciali avanzati, di tecniche di animazione innovative e di nuovi formati di proiezione. I film in streaming hanno un impatto significativo sulla produzione e la distribuzione dei contenuti, offrendo nuove opportunità per registi indipendenti e per la promozione di temi e prospettive non tradizionali.

Le Piattaforme di Streaming: Un Nuovo Paesaggio: Piattaforme di streaming come Netflix, Amazon Prime Video e Disney+ hanno rivoluzionato il modo in cui consumiamo contenuti. Offrono una vasta scelta di film e serie TV on-demand, con la possibilità di guardare i contenuti in qualsiasi momento e in qualsiasi luogo. Questa nuova modalità di consumo ha influenzato la produzione di contenuti, spingendo le piattaforme di streaming a investire in produzioni originali di alta qualità. Inoltre, le piattaforme di streaming hanno aperto nuove opportunità per il cinema indipendente, offrendo una vetrina a registi e film che potrebbero non trovare spazio nei canali tradizionali.

Cinema Indipendente: Un Sguardo Diverso: Il cinema indipendente rappresenta una voce importante nel panorama cinematografico contemporaneo. Spesso caratterizzato da un budget più limitato, il cinema indipendente si distingue per la sua autonomia creativa e per la sua attenzione a temi e prospettive non tradizionali. Il cinema indipendente è un luogo di sperimentazione di nuovi linguaggi cinematografici e di rappresentazione di tematiche sociali e culturali di marginalità. I film indipendenti spesso danno voce a persone e comunità sotto-rappresentate, offrendo un nuovo punto di vista sul mondo e sulle sue complesse sfide.

Il Futuro del Cinema e della Televisione: Il futuro del cinema e della televisione è incerto, ma è chiaro che le nuove tecnologie continueranno a plasmare queste forme di intrattenimento. Le piattaforme di streaming probabilmente continueranno a crescere in popolarità, offrendo una vasta gamma di contenuti e nuove opportunità per la produzione indipendente. Il cinema indipendente avrà un ruolo sempre più importante nel panorama cinematografico, portando un nuovo sguardo sul mondo e offrendo un punto di vista critico e originale. La diversità creativa e l'innovazione continueranno a caratterizzare il panorama cinematografico e televisivo del futuro, offrendo al pubblico una vasta gamma di opzioni e promuovendo un dibattito sociale più ricco e articolato.

Il teatro e la performance: le nuove forme di teatro e di performance; il teatro sociale e il teatro comunitario; il teatro e la tecnologia; il futuro del teatro.

SCALETTA

Introduzione:

- Definire il teatro e la performance come forme d'arte che coinvolgono attori, pubblico e spazio scenico per creare un'esperienza artistica e emotiva.
- Sottolineare l'evoluzione del teatro e la sua capacità di adattarsi ai cambiamenti sociali e tecnologici.
- Presentare gli aspetti che saranno analizzati: le nuove forme di teatro e di performance, il teatro sociale e comunitario, il teatro e la tecnologia, il futuro del teatro.

Le nuove forme di teatro e di performance:

- Discutere l'emergere di nuove forme di teatro e di performance contemporanee: teatro fisico, teatro danza, teatro dell'assurdo, performance arti visive, performance interattive.
- Analizzare il ruolo della sperimentazione e dell'innovazione nell'arte teatrale contemporanea.
- Riflettere sull'impatto di queste nuove forme sull'esperienza teatrale e sul rapporto tra attori e pubblico.

Il teatro sociale e il teatro comunitario:

- Definire il teatro sociale come una forma di teatro che si impegna a promuovere il cambiamento sociale e a sensibilizzare il pubblico su temi sociali e politici.
- Analizzare il ruolo del teatro sociale nel favorire il dialogo, la riflessione e l'azione sociale.
- Discutere il teatro comunitario come una forma di teatro che coinvolge attivi la comunità locale, promuovendo l'inclusione e la partecipazione attiva.

Il teatro e la tecnologia:

- Discutere l'impatto delle nuove tecnologie sull'arte teatrale: uso di effetti speciali, proiezioni, realtà virtuale e aumentata, piattaforme digitali per la diffusione dei contenuti.
- Analizzare le sfide e le opportunità legate all'utilizzo delle tecnologie nel teatro: nuove forme di spettacolo, accessibilità a un pubblico più ampio, rischio di diminuzione dell'esperienza live.
- Riflettere sul ruolo delle nuove tecnologie nel mantenimento della tradizione teatrale e nella creazione di nuove forme di espressione.

Il futuro del teatro:

- Riflettere sul futuro del teatro in un mondo sempre più digitale e globalizzato.
- Discutere le possibili tendenze future: integrazione di tecnologie innovative, nuovi modelli di produzione e distribuzione teatrale, teatro interattivo e partecipativo.
- Sottolineare l'importanza di mantenere la tradizione teatrale e di sviluppare nuove forme di espressione che siano in grado di coinvolgere e ispirare il pubblico di oggi.

Conclusione:

- Riassegnare i punti chiave affrontati nella trattazione.
- Sottolineare l'importanza del teatro come forma di arte che promuove la creatività, il dibattito sociale e l'inclusione.
- Invitare a un impegno per sostenere il teatro contemporaneo e per promuovere l'innovazione e la diversità nel panorama teatrale.

SVILUPPO TRACCIA

Il Teatro: Un Palcoscenico in Evoluzione Tra Tradizione e Innovazione

Il teatro, un'arte antica che ha affascinato l'umanità per secoli, si trova oggi a navigare in un paesaggio in continua evoluzione. La tradizione secolare si incontra con l'innovazione tecnologica, mentre nuove forme di teatro e performance emarginano i confini tra generi e sfidano le convenzioni artistiche. Il teatro contemporaneo è un luogo di sperimentazione, di riflessione sociale e di esplorazione di nuovi modi di connettere attori e pubblico.

Nuove Forme e Linguaggi: Il teatro contemporaneo non si limita più alla tradizionale rappresentazione di testi classici. Nuove forme di teatro e performance sono emerse, come il teatro fisico, dove il corpo diventa il principale mezzo di espressione, il teatro danza, che unisce movimento e musica, e il teatro dell'assurdo, che sfida le convenzioni e le aspettative della realtà. La sperimentazione di nuovi linguaggi e di nuovi modi di interagire con lo spazio scenico ha aperto nuove possibilità creative per gli attori e per il pubblico.

Il Teatro Sociale e Comunitario: Il teatro non è solo intrattenimento. Il teatro sociale si impegna a promuovere il cambiamento sociale, sensibilizzando il pubblico su temi come la povertà, la discriminazione, la violenza e la crisi climatica. Il teatro sociale si basa sull'interazione e sul dialogo con la comunità, spesso coinvolgendo attori non professionisti e utilizzando la performance come strumento di riflessione e di azione. Il teatro comunitario va ancora oltre, coinvolgendo attivi membri della comunità locale nella creazione e nella performance di spettacoli, promuovendo l'inclusione e la partecipazione attiva.

Tecnologia e Teatro: Le nuove tecnologie hanno un impatto sempre più significativo sul teatro. Gli effetti speciali, le proiezioni e la realtà virtuale e aumentata offrono nuove possibilità di creare scenografie immaginative e di trasformare l'esperienza teatrale. Le piattaforme digitali permettono di diffondere il teatro a un pubblico più ampio, rendendo accessibili gli spettacoli a distanza. Tuttavia, la tecnologia nel teatro presenta anche sfide. Il rischio di diminuzione dell'esperienza live e della connessione diretta tra attori e pubblico è una preoccupazione fondamentale. È necessario trovare un equilibrio tra la tradizione teatrale e le nuove tecnologie, utilizzando la tecnologia come strumento di arricchimento e non come sostituzione dell'esperienza live.

Il Futuro del Teatro: Il futuro del teatro è incerto, ma è chiaro che l'arte teatrale ha una capacità di adattamento e di rinnovamento straordinaria. Probabilmente vedremo un'ulteriore integrazione di tecnologie innovative, nuovi modelli di produzione e distribuzione teatrale e un aumento di spettacoli interattivi e partecipativi. Il teatro continuerà a essere un luogo di esplorazione artistica, di riflessione sociale e di dibattito intellettuale, offrendo un'esperienza unica e coinvolgente a un pubblico sempre più esigente.

Il teatro è un'arte viva, che si evolvere costantemente, adattandosi alle sfide e alle opportunità del mondo contemporaneo. La sua capacità di coinvolgere il pubblico, di promuovere il dialogo e la riflessione e di creare un senso di comunità è fondamentale per costruire un futuro più equo, inclusivo e creativo.

Sommario

Tecnologia e Innovazione 2

Intelligenza artificiale: impatto sociale, etico e lavorativo; il ruolo dell'AI nella creazione artistica; l'utilizzo dell'AI in ambito sanitario e scientifico; il rischio di manipolazione e disinformazione. 3

Metaverso e Realtà Virtuale le nuove frontiere dell'interazione digitale; l'impatto sul lavoro e sulla vita sociale; il potenziale di apprendimento e di intrattenimento; le sfide etiche e legali. 7

Cybersecurity: la crescente importanza della sicurezza informatica; i rischi di attacchi informatici e la protezione dei dati; la privacy online e il diritto all'oblio; la lotta al cyberbullismo. 11

Biotecnologie e nanotecnologie: le nuove frontiere della medicina e della scienza; le implicazioni etiche e sociali; la genetica e la cura delle malattie; il rischio di manipolazione genetica. 14

Sostenibilità digitale: l'impatto ambientale della tecnologia; l'utilizzo di energia rinnovabile; la lotta all'obsolescenza programmata; l'economia circolare e il riciclo digitale. 17

L'Internet delle cose (IoT): l'impatto sociale, economico e ambientale dell'IoT; la sicurezza e la privacy dei dati; le nuove opportunità per l'innovazione e lo sviluppo economico. 20

La blockchain e le criptovalute: la tecnologia blockchain e le sue applicazioni; le criptovalute e il futuro della finanza; le sfide e le opportunità per l'economia digitale. 23

La robotica e l'automazione: il ruolo crescente della robotica e dell'automazione; l'impatto sul mercato del lavoro; le nuove opportunità per l'innovazione e lo sviluppo economico. 26

L'intelligenza artificiale e l'etica: le sfide etiche legate allo sviluppo e all'uso dell'AI; la responsabilità per le decisioni dell'AI; il rischio di discriminazione e di manipolazione; la regolamentazione dell'AI. 29

La bioingegneria e la genetica: le nuove tecnologie per la cura delle malattie; l'ingegneria genetica e il futuro della medicina; le sfide etiche e sociali legate alla manipolazione genetica 32

La sostenibilità digitale: l'impatto ambientale della tecnologia; la lotta all'obsolescenza programmata; il riciclo digitale e la gestione dei rifiuti elettronici; il ruolo della tecnologia per la sostenibilità. 35

La realtà aumentata e la realtà virtuale: le applicazioni della realtà aumentata e virtuale; l'impatto sulla cultura, l'intrattenimento e il lavoro; le sfide etiche e sociali legate all'utilizzo di queste tecnologie. 38

L'energia solare e le batterie: lo sviluppo delle tecnologie solari e delle batterie; le implicazioni per la transizione energetica; le sfide per la produzione e lo stoccaggio dell'energia. 41

Società e Cultura 44

Crisi climatica e sostenibilità: il riscaldamento globale e le sue conseguenze; l'impegno per la riduzione delle emissioni; le nuove tecnologie per la sostenibilità; l'impatto sulle società e le economie; il ruolo delle politiche e delle azioni individuali. 45

Disuguaglianze sociali: la crescente disparità di reddito e di opportunità; l'impatto sulla società e sull'economia; il ruolo del welfare state e delle politiche sociali; la lotta alla povertà e all'esclusione sociale. 49

Migrazioni e integrazione: il fenomeno migratorio globale e le sue cause; l'impatto sulle società di accoglienza; le politiche di integrazione; il ruolo della cultura e dell'identità; il dibattito sui diritti umani e sulla xenofobia. 52

Pandemie e salute globale: l'esperienza del COVID-19 e le sue conseguenze; la ricerca scientifica e la lotta alle malattie infettive; l'importanza della prevenzione e della vaccinazione; le sfide per la sicurezza sanitaria globale. 56

Identità e diversità: l'evoluzione del concetto di identità; il multiculturalismo e l'inclusione sociale; la lotta alle discriminazioni e alle ingiustizie; il ruolo dei movimenti sociali e della cultura. 59

Il ruolo della famiglia: l'evoluzione dei modelli familiari; le sfide e le opportunità; la genitorialità e l'educazione dei figli; il dibattito sull'omogenitorialità; l'impatto sociale ed economico; il ruolo dello Stato e delle politiche familiari. 62

L'educazione e il futuro del lavoro: le nuove sfide per l'educazione; l'importanza delle competenze digitali; la formazione continua e l'adattamento al mercato del lavoro; l'apprendimento lifelong e la trasformazione dei sistemi educativi; il ruolo delle università e delle scuole...66

Salute mentale e benessere: il crescente problema dei disturbi mentali; l'impatto dello stress e della pressione sociale; le sfide per la diagnosi e la cura; il ruolo della prevenzione e del sostegno psicologico; la promozione di uno stile di vita sano. 70

Sport e società: il ruolo sociale e culturale dello sport; la professionalizzazione dello sport e i grandi eventi; l'impatto dello sport sulle giovani generazioni; la lotta al doping e la corruzione; l'inclusione e la diversità nello sport. 73

Turismo e ambiente: il turismo sostenibile e l'impatto sull'ambiente; il turismo di massa e la sovraffollamento; la protezione dei patrimoni culturali e naturali; il ruolo del turismo nello sviluppo economico e sociale. 76

Moda e consumo: il fast fashion e l'impatto sull'ambiente; la sostenibilità nella moda; il consumo consapevole e la lotta allo spreco; l'influenza dei social media sul mondo della moda; il ruolo della moda nella società. 79

Generazione Z e Millennial: le caratteristiche e le sfide delle nuove generazioni; l'impatto sui modelli di consumo, di lavoro e di vita; il ruolo dei social media e la cultura digitale; il confronto intergenerazionale. 83

Il ruolo della memoria: la memoria storica e il suo valore sociale; la lotta contro la disinformazione e la manipolazione della storia; la memoria individuale e la trasmissione delle..87

L'etica e la moralità: i cambiamenti nei valori e nelle norme morali; la bioetica e le questioni biomediche; l'etica digitale e la responsabilità sociale; la giustizia sociale e la lotta alle discriminazioni. 90

Il futuro del lavoro e la disoccupazione: l'impatto dell'automazione e della robotica sul lavoro; le politiche per contrastare la disoccupazione; la formazione e il riqualificazione professionale; l'economia collaborativa e il lavoro autonomo. 93

L'accesso all'informazione e la lotta alla disinformazione: il ruolo dei media nell'era digitale; la diffusione di notizie false e la manipolazione dell'informazione; la necessità di educazione critica e di verifica delle fonti. 96

La sostenibilità alimentare: la sicurezza alimentare globale; l'impatto ambientale dell'agricoltura industriale; l'agricoltura biologica e sostenibile; la lotta allo spreco alimentare. 99

La crisi energetica: le sfide per la transizione energetica; le fonti di energia rinnovabile e la lotta ai cambiamenti climatici; le politiche energetiche e le implicazioni economiche e sociali. 102

Politica e Economia..**105**

Geopolitica e conflitti internazionali: le tensioni geopolitiche globali; le crisi internazionali e i conflitti armati; il ruolo delle potenze globali; il multilateralismo e la diplomazia; le sfide per la pace e la sicurezza internazionale. 106

Globalizzazione e integrazione economica: i vantaggi e gli svantaggi della globalizzazione; il ruolo del commercio internazionale; le politiche economiche globali; le sfide per la competitività e lo sviluppo sostenibile. 110

L'Unione Europea e il futuro dell'Europa: l'integrazione europea e le sue sfide; il ruolo dell'Unione Europea nel mondo; le prospettive per il futuro; il dibattito sul federalismo e la sovranità nazionale. 114

Diritti umani e democrazia: le sfide alla democrazia e ai diritti umani; la libertà di espressione e di informazione; il ruolo della società civile; le lotte per la giustizia sociale e l'equità. 117

Economia digitale e lavoro del futuro: l'impatto della digitalizzazione sull'economia e sul lavoro; la trasformazione del mondo del lavoro; le nuove professioni; l'importanza delle competenze digitali; le politiche per il lavoro e la formazione. 120

La sostenibilità economica e sociale: l'impatto ambientale e sociale delle attività economiche; la responsabilità sociale delle imprese; l'economia circolare e la sostenibilità ambientale; il ruolo del capitale sociale e della coesione sociale. 123

La sicurezza internazionale e la difesa: le sfide per la sicurezza globale; le minacce emergenti; il ruolo delle forze armate; il disarmo nucleare e la proliferazione delle armi; la lotta al terrorismo. 126

Populismo e nazionalismo: il fenomeno del populismo e il suo impatto sulla politica; il nazionalismo e le sue conseguenze; la polarizzazione politica e le tensioni sociali; l'erosione della democrazia e dei diritti umani...130

Democrazia e partecipazione: la partecipazione politica e il coinvolgimento dei cittadini; le nuove forme di democrazia diretta; il ruolo dei social media nella politica; la lotta alla disinformazione e alla propaganda; il futuro della democrazia..133

Economia circolare e green economy: il passaggio a un'economia sostenibile; la lotta al cambiamento climatico e la transizione energetica; l'innovazione tecnologica per la sostenibilità; il ruolo delle imprese e delle politiche pubbliche...137

Il futuro del lavoro: l'automazione e la robotica; l'impatto della tecnologia sul mercato del lavoro; la crescente domanda di competenze digitali; le sfide per la formazione e l'occupazione; le politiche per il futuro del lavoro..140

Il ruolo dello Stato: il dibattito sul ruolo dello Stato nell'economia e nella società; il welfare state e i servizi pubblici; la gestione dei grandi cambiamenti sociali; il ruolo della politica economica e sociale. 144

Cultura e Arte 147

Arte e tecnologia: le nuove forme di espressione artistica; il ruolo della tecnologia nell'arte; le opere d'arte digitali; l'influenza dell'intelligenza artificiale sulla creatività. 148

La cultura popolare e l'influenza dei social media: l'impatto dei social media sulla cultura; il fenomeno dei meme e della viralità; l'influencer marketing; la polarizzazione e la disinformazione online.........151

Cinema e serie TV: le tendenze del cinema e delle serie TV contemporanee; il ruolo dell'industria dell'intrattenimento; l'analisi critica delle opere; la rappresentazione sociale e l'impatto culturale. 154

Letteratura e nuovi linguaggi: l'evoluzione della letteratura contemporanea; i nuovi generi e le nuove forme di narrazione; l'influenza dei social media sulla scrittura; la lettura in un'epoca digitale. 157

Musica e innovazione: le nuove tendenze musicali; l'influenza delle nuove tecnologie; la musica indipendente e la democratizzazione del processo creativo; il ruolo della musica nella società. 160

Il ruolo della cultura nella società: la cultura come strumento di dialogo e di inclusione; la tutela dei beni culturali e della diversità; il ruolo delle istituzioni culturali; la democratizzazione della cultura. 163

La musica e l'identità: la musica come espressione di identità culturale; la musica e le nuove tecnologie; l'influenza della musica sulla società; la musica e la globalizzazione. 166

Il cinema e la realtà: il cinema come specchio della società; la rappresentazione di temi sociali e politici; il ruolo del cinema nella formazione; il cinema e l'immaginario collettivo. 169

La letteratura e il futuro: le nuove tendenze letterarie; la letteratura e la tecnologia; la lettura digitale; la letteratura e la memoria storica. 172

L'arte contemporanea e la società: le nuove forme di arte contemporanea; l'arte e la critica sociale; l'arte e la tecnologia; l'arte e il pubblico. 175

Il cinema e la televisione: le nuove tendenze nel cinema e nella televisione; il ruolo delle piattaforme di streaming; il cinema indipendente e la diversità creativa. 178

Il teatro e la performance: le nuove forme di teatro e di performance; il teatro sociale e il teatro comunitario; il teatro e la tecnologia; il futuro del teatro. 181

Printed by Amazon Italia Logistica S.r.l.
Torrazza Piemonte (TO), Italy

60552200R00105